La palabra desfragmentada

La palabra desfragmentada

Abiram Soria Fernández

AQUA EDICIONES

Título de la obra: *La palabra desfragmentada*

Primera edición, marzo de 2015
Cuidado editorial y del diseño del libro: Jesús Linares Manriquez
Formación tipográfica: Liliana Moreno Palma
Diseño de portada: Maximiliano Hernández
Comercialización y ventas: Mariel Colmenares Álvarez
www.aquaediciones.com

Ficha bibliográfica:
Soria Fernández, Abiram
La palabra desfragmentada
160 pág. de 16 x 22 cm
ISBN: 978-607-9316-40-2
Aqua Ediciones, S.A. de C.V.

Hecho e impreso en México.
Made and printed in Mexico.

En este proceso de creación ha
existido una mujer muy importante
en mi vida, a la cual agradezco
profundamente, creer en mí, en mi
obra, y por estar presente en los
momentos más trascendentes:
te agradezco con toda el alma tu
apoyo, tu confianza y por recordarme
en los instantes de mayor desaliento,
quién soy. Sin ti este libro no existiría.
A ti va dedicado, Mar García.

Y del páramo
surge la poesía
dicen los locos.

El árbol

El árbol muere,
el fuego lo consume,
las cenizas se esparcen
y se adhieren a la noche.

Seres volátiles,
motas de polvo germinantes,
caen sobre la tierra para ser fecundada.

Nace el brote verde
del tocón acaecido.

La lluvia lo riega,
el sol lo calienta.
Crece,
crece,
hasta convertirse en un árbol igual que su padre...

Abiram Soria Fernández

Un recuerdo puesto en el olvido

Callado
el recuerdo vaga sin destino,
anda en su árida travesía,
sin saber a dónde va,
cargado de ausencias,
del hondo vacío
en el que fue sumergido.

Alguien lo sentenció a andar sin rumbo,
olvidado en la profunda memoria.
En sus hombros carga el dolor
de los amantes muertos,
de sus ojos-llama,
de sus bocas-cáliz,
de sus cuerpos eternos.

Camina callado:
su silencio pregona la muerte y el adiós.
Y andará centurias
hasta que alguien se compadezca
y lo recupere.

Abuela Paulina

Escribiré de tus huesos helados,
de tu rotonda y de tu estatua,
del filo incrustado en tu pueblo,
del ajenjo, del abismo,
del viento, la soledad,
y el adiós.

De tu partida hablaré,
del tiempo desangrado,
de sus manecillas atadas
a las despedidas, al confín sin fin,
a las hojas secas de otoño.

Escribiré del vacío,
del mar y los muertos,
del polvo y los recuerdos,
de una niña sin maleta.

Escribiré de tus años de lucha,
de tus tardes soleadas, de tu risa,
de tus ojos de vieja cariñosa,
de tus besos de margarita deshojada.
Hablaré tan sólo de tu vida y tu muerte
abuela Paulina.

Fuego

Tus manos, brasas ardientes,
calientan el borde de mis pensamientos,
sofocan mis latidos en la hoguera clandestina,
ojos llameantes, lenguas encendidas,
pieles enrojecidas, consumidas a 451 Fahrenheit.

Piel a piel, llama a llama nuestros bosques
son arrasados por el fuego,
furioso, funesto, fugaz.

Sus manos crecen, nos acarician,
nos funden. Nuestra llamarada asciende
y toca el cielo, lo calienta nuestra incandescencia.

Nuestras palmas negras,
cenizas volátiles de una noche,
de un día, se marchan cancinas.

Y todo termina,
temblorosos y desnudos,
nos extinguimos abrazados…

Imágenes de un niño

Mis estepas sueñan
la bonanza de viejos tiempos.
Dorados momentos unidos
y colgados al viento.

Señoras que amasan, niños que corren,
viejos que miran a la nada
mientras don Juan canta sus cuitas
y su guitarra llora los amores perdidos.

Cándida diablura revolotea entre juegos,
cosida al cometa y tirada por el hilo de mis sueños.

Perenne infancia,
concilio del pasado y del presente,
baúl de fábulas y de milagros,
de leones en las nubes y en las noches
solo es el sueño al que busco regresar.

A mi peludo amigo

Fuiste negro y fuiste blanco,
tornasol al tiempo,
con el pasar de los años.
Amigo y escudero.

Cabalgaste a mi lado
ladrando de alegría;
a veces negro,
a veces blanco.
Trascendiendo
con los años,
mudando tus humores,
fuiste negro y también blanco.

De gallarda postura,
de pelaje sedoso,
de nobleza en los lomos.

Corrimos y corrimos.
Tú a cuatro patas,
yo al principio casi a gatas,
pero aprendí a andar,
luego a correr
y tú de nuevo a paso lento
mi querido amigo.

Me ganaste dos veces en esta vida,
mi negro y mi blanco,
raudo en tus zancadas.
Corre libre
que ya te alcanzo,
paso a paso
como de
antaño lo hice.
No hay prisa.

Corre, corre que ya te alcanzo
mi buen compañero y amigo…

Mi viejo

Sobre el viento sus ojos se vierten
como hojarasca;
desnudos botones del tiempo;
luz diáfana del recuerdo.

Sus manos son ramas secas de árbol otoñal;
cintas rotas;
banderas caídas.

Sus pies corren como raudos caracoles;
mariposas volviendo a ser orugas;
olas cansadas y vencidas.

Su voz:
canto del silencio;
gritos sordos del pasado;
oro de sabios.

Epílogo de un libro viejo…

Los ojos de una mujer

El mundo se encripta en tus ojos,
se incrusta en tus pequeñas cuencas,
pozos profundos y negros.

Tus ojos son mares callados
y en algunos momentos,
revueltos y ansiosos.

Aves que agitan sus alas;
negros soles cubiertos por seda blanca;
leones a la caza.

Armas dispuestas para la seducción…

Proceso de creación

Esculpo tus contornos,
doy forma a tus caderas,
detallo tus manos,
dibujo tus ojos,
tu boca,
tus entrañas,
tus soledades,
tus deseos,
tus ambiciones,
tus amores…

En cada cincelada creo vida...

Paraíso Perdido

Te pintaría en el alma un Edén.
La miel de mi panal para tus amargos días
juro que te daría.
Prendería el sol a tu pelo,
la luna a tus labios
y en tus campos sembraría mi simiente.

Regaría de sosiego tu mundo;
Cubriría de infinito nuestros cuerpos desnudos;
Moriría otra vida por ti;
te grabaría en mi pecho.

Si tan sólo calmase
el mar agitado,
y soportáramos
la tempestad que nos embate,

y asirnos uno del otro,
y saber que el mal tiempo pasará.

El miedo nos acecha, nos cerca,
nos deja sin salida.
Grito, gritas y lo sé…
No me resarcirás.

Abiram Soria Fernández

Apocalipsis cerebral

Tú no sabes
cómo muero cada hora:
famélico y urgido
de tus labios.

Por la tarde
se cae el sol a pedazos,
y la cama me grita
con su
sonido quedo
de vacío.

La farola
se apaga rodeada
de la oscura melancolía
mientras el silencio
me desangra los oídos.

Y tú no lo sabes.
No sabes que ya he muerto,
aplastado por un alud de recuerdos.
Mis manos intentaron huir,
mis pies fueron sorprendidos,
hubo sueños cayendo en parvada,
besos convertidos en piedra.

¡Ay
tú tan lejos
que no sabes
que el fin
del mundo
ya me ha acontecido!

Yo, el negro

Buscaré tus ojos de infinito mar,
y el fresco soplo de tu aliento.

Buscaré penetrar en tus poros abiertos,
colarme en los resquicios de tu alma,
hasta impregnarte de mí, de mi bravura,
tocar el firmamento en tu pelo negro,
ascender en tus lianas de seda
hasta tus labios y contemplar nacer
ahí el día por ochenta años.

Mediré el tiempo en tus labios,
y rondaré tus manos
sólo siete días, y agotado
me detendré un minuto en tu sien,
y respiraré tu frescura amada mía…

Quemaré mi piel,
arderé en ti.

No mires mi negrura,
ni mi piel caleña,
y ven al mulato que te desea,
al negro que te ama.

Para dormir en paz

Te siento prendida a mí,
como ariete en mi pecho,
profundamente clavada,
destrozándome el corazón.

Lleno de ti,
me hallo aun buscándote
entre las palmas de mis manos,
en la lobreguez de mi alma,
entre los escombros de los dos.

Partiste llenando de ausencias mi casa,
arrancaste mis ojos y mi lengua
en esta guerra.

Aun me pregunto dónde estás,
que tierras te habrán devorado.

Busco el sepulcro donde me enterraste
hace muchos años,
para dormir por fin en paz…

Nuestra naturaleza

De tu naranjo
cuelga el fruto dulce,
su delicioso néctar que enajena
y colma mi éxtasis.

Tus caderas son el meceo de las olas,
el acantilado oculto por la bruma,
las cumbres de fronteras amables,

donde mi lluvia riega tus valles, llena
tus fluviales hasta su desembocadura,
hasta el deseo íntimo de la fertilidad.

Eres el universo en explosión,
el comienzo de la vida,
mi génesis,
mi eternidad…

Un infame enamorado

Mi alma sujeta en el cepo de tu indiferencia,
es castigada hasta la muerte.
Muero de a poco,
pierdo el aire en cada cruce
de nuestras miradas,
en cada desvío altivo de la tuya.
Mis suspiros me duelen.
¡Qué alguien me libere de este encantamiento,
de este amor inmenso que ahora me inspiras!
Perdona mi atrevimiento,
este intento vano de atraerte,
de ser tu dueño.
Nadie se conduele,
solo miran al pobre mártir,
mientras tú lo ejecutas con desprecio.

Nocturnal

Abre tu ventana,
deja tocar tu luna pálida
con mi incandescencia, permite
a mi luz acariciar la trémula blancura
de tu universo.

Abre tu ventana,
tus ojos felinos agazapados y furtivos,
a mi fulgor latente.

Abre paso a mi andar lento,
poco a poco, paso a paso,
hasta la muerte de ambos.

No te apresures,
con tiento,
permite que mis hilos
de luz matinal
te toquen suavemente la frente, en un amoroso beso.

Abre tu ventana,
llegó la hora de caminar juntos;
dame tu mano y salgamos
a la noche, mi amada luna.

Ajedrez

Avanzo
dos espacios a tus rosados labios;
un espacio al vacío,
otro a la demencia.

Juegas con mi cordura en tu ajedrez,
soy peón muriendo
soy rey derrotado.

Avanzo un espacio más a ti,
caigo, muero
en este avance inhumano.

La reina es vencida,
jaque mate al rey.
¿Y quién pierde?

Anna

Tus blancas manos,
el lienzo de mi retórica,
la frazada a mis letras muertas,
el pincel dibujando mis caderas,
mis protuberancias,
mis deseos inasequibles.

Eres el verso callado,
la musa estilada en poemas,
el canto de Helios.

Es tu liturgia
como nave de anchas velas,
sirena de mi ponto,
tierra firme de mi naufragio.

El lirismo de mis labios
da cuenta de tu prosapia,
de la niebla donde naces,
del sereno donde mueres,
de la luna perdida en tus letras,
del poema inacabable de tu vida.

Eres prosa,
cuento
y poema.

Eres la madre y la semilla de este poeta...

Los árboles no olvidan

Los árboles no olvidan,
en sus ramas extrañan los nidos ausentes,
las aves que migraron,
los gorriones enjaulados,
los ojos ciegos de una luna menguante.

En sus ojos la luz se extingue
como el fuego de una vela consumida,
así la vida se les escapa, lento,
de sus cuencas como cera caliente.

Los gigantes no olvidan que tuvieron hijos,
retoños de una rama quebrada,
paridos del dolor, pedazo de vida partida en dos.

El otoño quema todo lo que no olvidan,
sus recuerdos graznando,
la rugosa fuerza de sus troncos,
los ojos sombríos, la voz deforme,
sus años que caen a sus pies
como hojas dolidas, llorosas y faustas.

Los árboles mueren olvidados, pero ellos mueren sin nunca
haber olvidado...

Voces fracturadas

Algunas veces encontrarás
que mi silencio es desquiciante
y sabrás que soy una bóveda
de secretos, inexpugnable,
lugar inaccesible para ti.

Sabrás que ni los murmullos
sosiegan el alma.
Oirás latir tu corazón,
pero mi boca permanecerá muda.
Intentarás acallar tus temores,
buscarás mi alma
y te diré todo lo que necesites
y mi voz seguirá callada.

Querrás romper el gélido muro
que hoy nos separa,
pero impasible estaré.
El mismo amor que una vez
encendió nuestro fuego
es el mismo que hoy lo consume.

Mi boca es muda,
todo se dijo,
y quizá el silencio
sea el mejor regalo en este adiós...

Carta de un padre
a una hija huérfana

Te soy ajeno,
como aquel beso de rubíes que te dio tu madre,
en la postrera noche a su muerte.
Esa noche de delirios,
de lunas inflamadas por la distancia,
por los besos que no se dieron
y las flores que no se dieron.
Voces apaciguadas
por el sonar de las ramas gélidas quebradizas
que caían de los árboles filiales.
De nubes anegadas,
noches sin sueño, de vacío, de soledad.
Allí seguías clamando los brazos perdidos,
las caricias trémulas de una anciana
difusa en la vacuidad, en el hueco en la cama.

El verano pasa lento,
mientras mueres,
mientras la nostalgia te devora.
Y yo te soy ajeno,
mis brazos te son ajenos,
mi amor te es ajeno,
también me sepultaste…

El cuervo

En tu sino se anida el hijo que nunca quisiste,
sus alas negras de cuervo aletean fieramente en tu pecho.
Su cruel graznido rompe la cordura,
te picotea el alma y te sangra la vida.
La luna se vuelve roja, la noche el manto eterno,
y al amanecer persiste la locura.

Y de las estrellas surge un grito: ¡Aguanta!, ¡resiste!, ¡vence!

El mundo se muere con cada graznido del cuervo,
su celaje cae como gasa desprendida de una herida.
Todos corren despavoridos ante el pico del ave negra
de inframundo, temen a sus ojos sin brillo, sus ojos de
abismo.

Y las luciérnagas te gritan: ¡Persiste!, ¡lucha!, ¡vive!

Una madre sin hijos

La mujer más bella hila
doscientos setenta amaneceres
en una madeja celeste, arrinconada en el silencio.

Teje su simiente,
borda sus orlas doradas,
los crepúsculos infinitos y desgastados,
las llamas de una hoguera casi extinta.

El sol se funde en su vientre,
quema sus entrañas con el fuego de la vida
y de tanto en tanto palpita.

La oscuridad ilumina el cielo mil años,
llueven sus ojos ambarinos,
llueven por semanas,
y entonces alumbra al mundo con su obra:
una estrella roja y brillante.

La mujer más bella encallece su tristeza,
troca estambre negro por un pardo de sapiencia.
El sol se ha ido, y la luna ya no la visita.
Han pasado mil años por sus sienes
colmándolos de pliegues.

El viento le ha encorvado el árbol de su casa,
y ha roto y deshojado algunas ramas de porcelana.
Sus opacos ojos se mueren a paso lento.
La mujer más bella hila y teje sus recuerdos perennes.

Abiram Soria Fernández

Soledades anticipadas

Míranos viejo,
abre tus ojos,
antes que ya no puedas
detener esta vulgar parodia
de la muerte.
Levántate y ríe, del engaño,
de tu mordaz jugarreta,
de los tontos aquí reunidos para despedirte.

Pero te niegas a salir,
atado ahí,
solo,
obligado a quedarte quieto,
tú, tan loco que eras;
yo aquí viéndote partir,
empezando a extrañarte.

Estás callado,
ocupado en tus propios menesteres
y no me miras.

Abre los ojos,
ve cuánto lloramos,
cuántos hemos venido a verte partir;
baja del barco,
por favor,

baja,
baja viejo loco.

Abre los ojos
y mira que ya no soy tan tonto,
algo he aprendido.
No mucho,
sólo un poco.

Viéndote partir,
tan callado,
tan distante,
grito que ya he aprendido,

no mucho,
solo un poco.
Ya no soy tan mentecato,
ni tan
necio.
Tan solo un poco.

¡Anda abre los ojos!
perdona a quien te pintó
tantas canas en las sienes
y abrázame,
y lloremos,
que ya no soy tan tonto.
Tan solo un poco.

Algo he aprendido de esta tu despedida.
Por favor abre los ojos…

El tipo del espejo

Ya no siento pena por tus atribulados huesos,
ni por el fiambre de tu envejecido cuerpo,
que nadie toca, ni la luz diáfana de la alcoba.

La oscuridad zarandea tus trémulas
piernas hasta arrancarlas.
Marchito está tu ramaje,
tu alma, tu tocón de cedro corrompido.

El último hálito se te escapa
en el ocaso de octubre,
como ventisca viajera.

El fuego calcinante de tu piel se ha extinguido,
los rescoldos vuelan, son barridos con violencia.
Aquellas noches febriles se han ido.

El sórdido desenlace de tantas lunas fue fatal.
Ninguna de tus amantes dio vuelta.
Y yo no siento ya pena de tus atribulados
huesos cuando te veo cada mañana
en el espejo.

Metamorfosis

Despojo mis carnes de la sociedad,
abro mis venas para verter en tierra
lo que soy.

Corto mis manos,
zarpas de fiera inhumana.
Ahogo el último aullido de lobo,
y destrozo mi lengua
llena del veneno asesino.

Una bala de plata traspasa
mi corazón de hombre-urbano
para detener la inexistencia,
la transformación de cada luna.

Mato a la fiera,
al hombre-civilizado,
mato al hombre-citadino
para volver a ser humano.

Requiescat in pace

Ayer fui enterrado sin consentirlo,
colocaron mi cuerpo inerte
entre mis versos finales,
mi desgastada pluma,
y mi tintero seco
junto a las hojas blancas,
lugar donde creaba mis mundos.

Sin derecho a réplica,
fui condenado al sepulcro.
De mis ojos se escurren los soles,
se extingue el decrépito sueño.
Sobre mí se cierne la soledad infinita,
la impostergable nostalgia.

¿Y quién visitará mis palabras?
¿Quién rezará mis versos?
¿Quién partirá mi sepulcro
y rescatará mi alma?

No habrá más catarsis.
El mundo me ha roído.
Los gusanos despojan
mis carnes, desnudan
mis huesos.

Sólo el infinito llora mi ausencia,
mengua la luna al despedirse,
un grillo canta en la distancia
y una lápida declama con fuerza:
Requiescat in pace

Inasibles

I

Entrelazados en la noche
nos encontramos inasibles,
llenos de la oquedad del querer estar,
del pretender ser.

Esta desdicha nos encoje
el corazón y los pulmones
como dos enanos; y los suspiros nos faltan;
y los latidos nos sobran.

El perro nos ladra
al atravesar la noche,
en nuestro andar errante
como eclipses, en la estancia,
en la siempre distancia,
uno del otro, abrazados al faro lunar.

II
¡Ay soledad ardiente,
ventura parca de mis manos ahítas,
vacías de esa mujer,
vacía ella de mí, de mi fecundidad!

Somos pequeños astros perdidos, estrellas fugaces,
cuerpos impactándose en la soledad.

Sin poder mirarse, sin poder entrelazarse
nuevamente.

¡Ay angustiosa distancia,
nuestros mundos se colapsan
sin tenernos, sin poder respirarnos
una vez más!

Nos fragmentamos en la oscuridad,
muertos, destruidos, sin volver a vernos.
Muertos, destruidos en la oscuridad
de no encontrar la forma de regresar…

Abiram Soria Fernández

El mismo rincón

La sala a media luz. Y en el rincón, el mismo hombre de cada año. Vestido de oscuridad contempla el escenario: arlequines que danzan mientras la orquesta toca *La marcha nupcial* de Fígaro. Caretas de alegría esconden a los amantes ciegos. Hay tintineos de copas, chocan anunciando la llegada de su amada.

Es la hora: los mundos se juntan. Cruzan las miradas, sus sonrisas cómplices se llaman. La mano de él toca el humo, su mano se desvanece en su cuerpo, en su sien de neblina. La nostalgia la llama, la atrae de su dimensión paralela, donde habita. La película corre y le muestra escenas de otro tiempo, de aquellos ojos ámbar. La sabe cerca, percibe el calor de su cuerpo, las curvas detalladas y perfectas, formadas en alabastro. Aspira el olor de su pelo rizado, la brisa de sus olas negras. Intenta retener la neblina que la forma. La abraza, la detiene, evita su partida. Las nubes que se forman esparcen las aguas anegadas de ella, del dolor inacabable, del ciclo eterno.

Sus ojos se apagan, la mira distraída, distante. Se ha ido, ha partido, y cruelmente abandonó su cuerpo como estuche que ya no sirve, entre sus manos. La dimensión se cierra. Y su amada se extingue, se dispersa, volviéndose nada. Un aniversario más sin ella. Abstraído en un mundo paralelo, irreal, la besa. En ese mundo aún no ha muerto, aún celebran otras centurias.

El bufón

Los poetas terminan de declamar su falaz poesía y la reina hermosa en flor pide que traigan al bufón de la cara sonriente. Su cara pinta la alegría de someros días de amor y felicidad. El acto comienza, con movimientos burdos danza, el vals de la tristeza es su baile. Al compás de la orquesta salta, extiende sus brazos, gira y salta, ridículamente. Los invitados y la corte ríen a más no poder como lo haría el más vil plebeyo. La reina llora de alegría y ríe, ríe. Carcajadas sosas llenan el lugar, la decencia pierde su lugar.

El payaso ríe, ríe con alegría demencial. Se burla de tanta soledad. Sus ojos brillan como diamantes tristes y llora dejando surcos que transforman su careta en vulgar parodia de sí mismo.

Da paso a la sátira, se mofa del amor, la desdicha y la miseria, tres amigas inseparables. Crítica las clases sociales, los amores que existen sólo en las miradas, en la poesía, en el silencio, que mueren... mueren sin remedio, sin conocer la vida, ni la luz, ni siquiera un suspiro que llene sus pulmones

Llora, llora de manera profusa y ríe, ríe; emociones que se funden al compás de la música, como amantes casquivanos en una noche trémula y fría. En murmullos ininteligibles habla de su amor, ese amor guardado por ser inadmisible.

Termina su función, se despide de la corte, y besa la mano de su reina. Dedicó su actuación a la alegría aunque solo conozca la tristeza. Se aleja. Sale por fin del salón y se pierde en la oscuridad de su alma, y de las calles y va hacia aquel rincón de muerte donde vive, donde espera el tiempo que ella lo llame para hacerla reír una vez más…

Tengo una leona
en mi bolsa de viaje.
¡Cuánto la amo!

Danza pueril

Bailemos la danza pueril
de los enamorados,
a cuatro manos;
bailemos ahora,
al compás silencioso
de dos pechos que arden.

Perpetuemos en un beso
a *los amorosos de Sabines.*
Que el amor no se apague,
que arda el fuego en nuestras manos.

Así,
en la locura,
entrelacemos nuestras almas
bajo la farola de la luna.

Seré acuarela pintándote de arrebol,
tú el pincel que domestica mi lienzo,
y traza campos verdes
y fructíferos en mi cuerpo

Aquí estamos los dos,
amantes unidos en una cometa,
soñadores,
vivos.

Dos versos fundidos en papel,
llorosos, cansados
y sobre todo enamorados.

Amor

En mi diccionario de palabras
se define cada palpitar,
cada nudo impuesto en mi garganta,
cada palabra rota en mi voz,
cada búsqueda de tu cuerpo,
en una palabra:
Amor.

De éter, de su ausencia

Y desperté hambriento,
ávido de sus manos,
de sus besos hondos y salados,
del manjar de antes.
De su éter.

Y ya no estaba,
su soledad la tragó,
dejándome famélico, moribundo.

En medio de este desierto,
grité que me salvara.
Grité. Grité.

Y las membranas del universo
se cerraron sobre mí,
arrancaron mi lengua, ahogaron mi voz.

Sin remedio vagué
en esta apartada humanidad,
desdoblando el vacío de otros mundos,
hasta abrir el mío,
mi propio mundo,
mi propio vacío,
impenetrable para otros,
allí la busqué, sé que ahí habita...

Inquisición

Tu oscuridad
cubre mis lomos,
se cierne sobre mi estupor
y me
conduce cautivo
al confín de tus caderas,
al terciopelo de tus labios,
al
hechizo de tus manos tejidas
como seda bordada
que rozan mis sienes
y
caigo en tu artificio,
en el artilugio
de un beso sobrehumano

Donde camino preso de un beso de diosa,
beso perdido en el embuste.
Beso-fuego,
a la inquisición de nuestro deseo
lugar donde ardemos,
triunfalmente,
gozosamente
en la pira de nuestros cuerpos.

Oraciones furtivas

Por el costado del vestido roto,
el cuerpo segrega el alma extraviada,
el deseo ahíto del ser enclaustrado
en la prisión de la decencia.

Manos hartas,
rondan los valles febriles,
las callejas palpitantes,
los ríos viscosos
del amor a tres tiempos.

De la noche caen los sueños,
y las vírgenes mustias e impolutas
de ojos llameantes,
con atuendos de lino mancillado,
pieles de alabastro,
en éxtasis desvergonzado,
en miel de ajenjo, hiel dulce.

Sabor a agua gestada,
semilla concebida,
doliente paridad del trémulo
capullo florido.

Dolor, pasión, amor,
pasión, amor, dolor.

Cóncava guarida ancestral,
cálida, impura, latente.
Versión añil de un cielo crepuscular,
de dos cuerpos fundidos,
y atados por hilos inmarcesibles,
por dos labios perpetuos.

Vestidos revueltos,
banderas ondeadas,
aves en desbandada.

Ojos soles,
ojos lunas,
dos seres que se pierden
y se
encuentran
amparados por el silente vicio
de amar…

Olvido

Oculta te hayas pobre ave amorosa,
volando fuera del mundo,
lejos de tu sombra.

El tiempo te lleva a las distantes
tierras del olvido,
al país de los amantes muertos,
al páramo de los enamorados.
Lejos de todo.

Ya nadie calienta tus alas,
tu alma ya es solo tuya,
fue desprendida de mi pecho
cuando nos alejamos.

Con brasas ardientes el silencio
quema nuestras espaldas,
nos despelleja las remembranzas
ardemos en la soledad.

Ave amorosa,
indefensa,
oculta te hallas
de nuestra sombra.

Abiram Soria Fernández

Tu cuerpo en otoño

En tu cuerpo se desvisten las hojas del campo,
y el viento se eriza
envuelto en tus finos troncos.

Tu sol nos quema las ramas secas,
chamusca nuestras manos
que mueren juntas.

Tus aureolas se desgranan
en mis labios marchitos
que vuelan como hojarasca,
dispersos sobre tu vientre pétreo.

Muero y renazco sobre el bosque
donde amándonos, donde entregándonos
el aliento, nos esparció la ventisca.

Tus tardes purpúreas caen sobre mi torso,
sedosas y tibias; tan amantes, tan livianas.
Tus besos caen serenos,

claros y puros a mis cántaros sedientos
de ti, de ti,
de tu sabor a mujer,
a mujer aromática,
a mujer de otoño…

Delirios nocturnales

Cada noche
te conjuro a dioses taimados,
te invoco en mis delirios
y tus
pechos surgen de la noche
como dos murallas
sobre las que se yerguen
atalayas amantes, expectantes,
ansiosos de la llegada
de su dueño.
Tus piernas se vuelven
columnas revestidas de oro,
sostén de la cúpula de tus caderas,
palacio de reyes.

Desvisto el lino inmaculado
de tus carnes blancas,
tus pechos se acompasan
trepidantes en cada paso
a los míos.
Emerges de mi lecho
como
campo fértil,
como tierra virginal
dispuesta a ser sembrada

por la semilla nácar;
viñedo preparado para el lagar.

¡Ah! te contemplo.
Tus campos húmedos
después de la tormenta.
Y todo termina.

Soy esclavo en tu feudo,
campesino en tus campos.
Soy quien cae herido en batalla,
guerrero muerto bajo tu espada.
Soy hereje prendido en tu plaza,
ardiendo en tus muslos, en tu hoguera…

Te prefiero

Te prefiero como lluvia constante,
como agua donde abrevar
esta locura desmedida de ti,
de tus contornos líquidos,
de tus manos que descienden
húmedas hasta lo árido de mi pecho.

Así te prefiero
como ola adormecida,
sumida en un vaivén constante
acariciando mis playas.

En mi cuerpo hecho de arena
se filtra tu suave humedad,
tu sabor salado oculto a los intrusos,
a los extranjeros,
a esos bárbaros que olvidaron amar.

¡Oh! Cuánto te prefiero mi amada,
que paciente espero tu ciclo cada tarde,
desnudo y tendido en la orilla de tu mar…

En mi sendero

Te quiero en mi sendero…
Encontrarte un día sin planearlo,
sin buscarlo.
Coincidir sólo
porque el destino así lo quiso.

No buscarte,
no planearte
y hallarte sin necesitarlo.
Hallarnos un día cualquiera en el café,
en nuestras miradas,
en nuestros ojos que juegan al flirteo
y que entres en ellos sutilmente
como lo hace el día.

Que me consideres tu casa
y te quedes conmigo sin quererlo,
ni buscarlo
porque el día amaneció plomizo
y afuera en las calles la gente corre.

Sería perfecto que aparecieras
en mi vida no hoy, ni mañana,
tan sólo que aparezcas un día.
Que llegues el día más feliz de mi vida
y entiendas que no te necesito,

que mi felicidad no depende de ti,
que no eres la causa.

Sería hermoso encontrarnos
en cualquier mes o año,
tan sólo encontrarnos
en la época más satisfactoria de tu vida.
Cuando menos me necesites.
Y entender
que yo no soy
el motivo de tus logros,
que nunca me solicitaste,
ni ayer, ni hoy y quizá nunca lo hagas.
Porque eres tú, sólo tú,
libre y volátil como cualquier ave.

Sería maravilloso
que con todo eso,
sin buscarnos

ni necesitarnos,
siendo felices
y realizados,
aparecieras en mi vida
y yo en la tuya
y compartiéramos lo que somos.

Abiram Soria Fernández

El ave y el roble

Duermes a mi lado, vuelta pensamiento,
ave blanca, ave sin destino.
Entre las sombras me vuelvo el roble donde anidas,
y mis manos calientan tus alas, tus remeras de seda;
eres mía, ave blanca, soy tuyo, fronda nocturna.

Mi noche es tu cobijo,
cielo de lunares, almas palpitantes,
bocas de acantilados quebrándose en cada beso.

Mi bella, mi ave pequeña,
mía eres y tuyo soy,
en esta ancha soledad nuestra.

La oscura luz de tus ojos penetra mi corteza,
hasta el mismo tocón, poseyéndome,
haciéndome tuyo a cada palmo.

Duermes a mi lado, ave blanca,
acunada entre mis ramas,
cansada, amada, mía.

Risonancia

Tu risa,
canto de los enamorados,
verso de mis versos,
patria de mis labios,
lustre del poema,
tinta clara del papel
donde te quemas.

Tu risa
cae al alma
como desvelo a mis noches,
como agua a mi sed,
como lluvia a mi cuerpo.
A este reseco cuerpo,
desierto,
muerto de ti.

Necesito tu risa
en mis madrugadas
hartas de soledad,
tu
aperlada sonrisa
en mi almohada;
el carmín de tus labios
en mis labios;
sentirte,
unida a mí,

a mí,
cerca,
más cerca,
a mí,
a mí,
escucharte reír,
verte feliz,
aquí conmigo,
en mí.

Equinoccio

He aquí como viro nuestro eje para amarnos:
fui luna perdida en tu espacio,
tú mi equinoccio, mi noche, mi oscuridad.
Fui el astro rodante y nocturno,
tú mi viaje anual, mi brecha, mi camino ancestral.

Así comenzó el idilio,
nos cubrimos los cuerpos desnudos
por el estrellado manto,
así descubrimos el mundo,
explorándonos.

En septiembre nuestras manos se entrelazan
para unirnos sólo un momento,
para colisionarnos,
para fundirnos
y para crear vida.

Abiram Soria Fernández

Manos de mujer

Serpientes seductoras son tus manos.
Manos de cuna,
manos donde guardo mis penas,
bálsamo para mis lágrimas.

Manos de mujer,
manos que cantan y alaban,
que gritan,
manos que aman y lloran.

Tus manos,
son manos que me acarician,
manos que me despojan,
manos que no cesan.
Manos que luchan día a día,
incansables,
impostergables.

Manos labradas en los campos,
manos de mil batallas.
Manos que amo y deseo,
broquel de mis noches,
manos que busco a todo tiempo.

Tus manos son mi guarida,
mi alcoba,
lugar perfecto a mi alma,
refugio de cada noche.

Mi mujer

Tu pelo negro,
oscuro como la noche misma,
se vierte en cascada
en tus hombros de porcelana.

Tu dejo es la invocación
del canto al tibio sol
del caribe y de palmares.

Tus playas blancas bajo la luna
alientan mis pasos.
Tu noche húmeda
ruega me hunda en tus aguas.

Son almendras tus ojos,
son semillas de verano,
son nocturnales.

Mujer,
mi mujer de dulces manos
y comisuras de durazno.
Mi amada,
mi hermosa.
Flor de envolvente aroma,
y delicada figura,
mujer de espuma.

Paraíso

Mi verso grabado en tus caderas,
en tu vientre pétreo,
en las elevadas montañas,
en la cavidad rocosa oculta entre valles,
regada por las tormentas de julio,
de olor a jardines celestes,
de sabor a miel salada.

El lugar donde Zeus erigió el Olimpo,
nido de dioses inasibles.

Mi verso asciende,
eleva un salmo,
una estrofa a la fertilidad.

En lo alto de tus montes un niño juega,
canta, baila;
se pierde en la espesura
bajo la lluvia,
unido a la naturaleza de tus contornos,
¡Ah! en éxtasis.

El poema se eleva,
rasguña el infinito,
y las nubes riegan versos
blanquecinos sobre tu cañada,
y surge la vida,
tus montes reverdecen,
¡Ah! eres mi paraíso.

Mi luna

Enclavada en la noche,
en la constelada oscuridad,
tu sonrisa de marfil me alumbra
el hemisferio sur
y al norte tu cálida maldad me ama.

Lumbrera gitana,
te ruego que te quedes,
que te sientes conmigo a platicar
y te sinceres
y me digas que me amas.
No te marches,
al menos hoy.

Deja que mis manos se aferren a tu luz,
permíteme entrar en tu manto
y tocar tu incandescencia.
Susurrarte al oído:
que el día es frío
y el mundo aburrido
por faltarme tus manos,
tu silencio, tus labios versándome
poetisa.

Quiero escuchar tu lógica,
tus argumentos para amar

y que tus manos sean
grandilocuentes
en mi piel.

Tan sólo quédate
una noche más…

Tú y yo

El rocío fino de tus mañanas
desciende el tocón de mi sauce,
hasta el tallo donde riega la ambrosía
y nace la vida.

Tus holandas cubren mis desnudas carnes,
encienden tus luciérnagas la oscuridad de mi alma
y en el páramo donde vivo,
tu boca libera la semilla
que germina en primavera.

Mis alas te recorren,
mis garras rasguñan tus nubes
y cansado hago nido en tu vientre.

Mi amada ninfa de los ríos,
en tus aguas me baño,
y de tu fruta generosa y turgente como.

Somos ríos uniendo sus cauces,
bosques vírgenes siendo explorados,
cascadas en éxtasis, grietas palpitantes,
volcanes en explosión.

Tú y yo
lo somos todo
cuando estamos juntos…

Desierto

Tú, la tierra ajena, infértil.
Desierto ausente, sin nombre, sin mí.
Polvo vagabundo,
dunas atrapadas en la nostalgia.
Zarza que añora mi frazada,
la lluvia que bajaba de mis poros a tus raíces.
Voz sin eco,
piel ardiendo bajo el sol de mi ausencia,
muerta en la nada.
Mi aliento aun te muerde los labios
y te calienta las entrañas lento
como veneno de serpiente.
Mil escorpiones aguijonean tu vientre pálido
y anidan, y te matan de a poco.

Y pensar que otrora días fuiste el Edén.

Cerezo

Se desprenden las flores
rosas de tu cerezo,
ahora muertas;
finas gasas
se deslizan
por el atardecer
hasta domesticar la noche.

Y las tenues nubes
cubren tu espesura;
la copa ancha de tu árbol
cobija la desnudez de tus ramas.

Tus flores, bermellones
incendiados por el ocaso,
por mis manos de soles,
por mis labios de fuego;
frágiles botones
enalteciéndose
al roce del viento.

Bajo tu sombra
mis aves silvestres anidan,
sosegadas,
y apacibles.
Comen de tu fruto rojizo

y perenne,
hasta saciarse,
hasta enjutar cada gota de tu dulce néctar.

Cada día
al apagarse el candil
vuelvo al amparo de tu cuerpo,
hambriento de tu manjar
y necesitado de tu nido.

Génesis

Mi lanza traspasa tu luna,
la desangra,
vertiéndose pura y cristalina
como agua sobre tus calzadas amplias.

Derramas tus lágrimas,
lloras la sangre de tus guerreros caídos
en batalla.

Y el amor,
la causa de esta masacre
te abre sus puertas a la vida…

Te amé…

Aprendí a beber el amor a sorbos,
a beber de ti, de tus inagotables mares,
a beber sin saciarme;
a contemplar la luna incrustada en tus ojos,
sin prisas.

Aprendí a amarte sin ataduras,
ni pactos;
a ser libres como las aves que migran un día.
Tomé tus manos blancas de paloma
y las besé, con ese beso febril de los amantes,
como presagio de un adiós.

Aprendí a ser leña en tu hoguera,
y lecho donde pasar la noche;
amé tu libertad,
tu breve estancia;
tus pocas noches en vela, en mis brazos…
¡Oh amada de verdad te amé!

En la clandestinidad

El día nos callaba,
la noche nos gritaba:
amor oculto en la urbana selva.

Escondidos en el dolor que arponea corazones
en la furtividad de miradas sin nombre,
moríamos como un soplo, un suspiro ahogado,
el último aliento de otoño.

¡Ay!
Si tan sólo nos cobijara el día,
y estos labios transgresores no fueran prohibidos,
seríamos el viento elevando cometas,
la brisa de un mar sosegado,
la tinta de algún poeta que escribe nuestro idilio.

¡Ay!
Si nos amáramos libres como palomas,
y el mundo nos aceptara,
te limpiaría la impureza con mis manos,
con mis labios, con mi aliento a menta.

Pero el fuego nos quema,
chamusca nuestras alas de abeja,
nos encierra bajo llave,
a cal y canto tras la indecencia.

Guitarra-mujer

Ah! Tu cuerpo ondulante
bañado en caoba,
benditas caderas
de diosa errante,
de diosa impura.

A tu piel firme le urgen mis manos.
Tus contornos me buscan.
Somos música al mirarnos
y al abrazarnos los astros aplauden.
La melodía fluye.

¡Ah! Tu cabello mezclándose en mis manos,
¡Cuán armonioso es nuestro entendimiento!
Tus gemidos al compás de mi arpegio,
amor, taladran mis huesos.

¡Ah! Tu voz invoca a Venus.
Me uno a tus rezos,
al unísono elevamos un canto
al génesis y la luna.

Juntos somos los amorosos
en una noche de verbena.

Noche trémula

Tus manos,
son seda que me envuelve,
y calienta mi cuerpo trémulo.
Tus dedos se entretejen con los míos
como las flores entre la zarza,
en el desierto de mi lecho.

Tu cuerpo terso como el jazmín,
ataviado por la blancura de la leche,
lo baña la luna y las estrellas fugaces.

Estoy atado a tus labios y a tus ojos,
a esas llamas inagotables.
Estoy preso a tus fuentes de agua,
a ellas vuelvo cada noche sediento,
mi amada.

Mis piernas tiemblan,
se colapsan, mueren
y en esa muerte me miras.
Tus ojos me ven con esa magia
cautiva, poseída
de una explosión de galaxias
así nacieron tus padres,
así nació el mundo.

Diosa

Hallarte tan renuente
a los ruegos de los mortales,
a mis labios ávidos del agua
que drena tu libido.

Callarme abrazado a la noche,
destilar mi necesidad que consume
la llama de mi hoguera,
mirar entre sombras
tu templo, tus pilares de venus,
tu etérea imagen virginal.

Suspiro sosegado al sereno
viento tu nombre. De la noche a
la mañana te busco en mis entrañas,
donde te calcino amor, donde
vierto mis ojos para no verte más.

Mal tiempo

Los soles se ocultan
tras nubes negras,
derraman su llanto
mientras que su piel
de porcelana se despedaza.

Las palabras se agolpan,
de la garganta los truenos
surgen estrellándose
como olas
contra sus murallas erosionadas;
la tempestad azota fría,
y su lengua enardecida
castiga, mata, destruye.

De sus ojos-soles,
emerge la furia del adiós,
y el fuego purifica sus almas.

Sus manos lacerantes
se cierran en olvido.
Y todo ha acabado...
Ahora ambos son ajenos,
dueños sin dueño.
Todo se dijo...
Antes se amaron…
Ahora solo habita el olvido…

Adán y Eva

Fuimos el lunar del mundo,
la estrella celeste,
la cuna del infinito,
el principio de todo lo animal.
Tú y yo.

Crecimos mojados por los chubascos
de una mano creadora,
la eternidad se abría ante nosotros
como el capullo de la rosa.

La candidez de tus ojos,
la madurez de mi cuerpo,
sujetaban aquellas noches tristes,
noches sin astros,
apagadas con el beso de luciérnagas
encantadas en el tálamo de hierbas
donde nos cobijó el viento.

El fulgor de nuestros cuerpos
enredados creó el día,
de nuestras manos entrelazadas surgió
el mar nocturno.
Nos amamos a todo tiempo,
buscamos el amparo de los bosques,
la complicidad de la naturaleza.

De mi naciste,
de mi barro moldeado, en una noche de lluvia.
La luna te formó, semejante a ella,
blanca y dulce como las aguas del río Tigris,
cálida como hoguera en invierno
y suave como la lana.
En tus cuencas puso dos luminiscentes
piedras ambarinas, bella naciste,
pura y virgen.

Cubrimos la desnudez con el celaje azul,
con el límpido rumor de olas blancas.

Nos amamos como dos inocentes enamorados.
El mundo éramos dos, y dos el universo.

El sol atravesó conmigo tu alma en el crepúsculo,
hasta desangrarnos, sobre las montañas,
hasta morir en ellas.
Vertimos en sus lomos la vida para crear vida.

Tu negro pelo fue noche,
oscuridad dueña de mis soledades.
Murmuraban los campos,
sus quejidos eran nuestros
y en el viento eran de otros.
Susurraban los grillos,
y las aves nocturnas,
el más bello poema de amor.

Nos hayamos plenamente extasiados,
entre las sombras, entre árboles, bajo el rocío salado.

Los nombres que nos dieron fueron: mar y tierra.
En nuestra humedad viajaban las sirenas
y cantaban alegres:
"dulce el amor, dulce el agua de lluvia,
los amantes exhalan el aliento de la vida,
insuflan en el universo en las aletas de sus hijos,
y los ecos de ellos retumban, son estelas en las aguas del infinito".

Ay amor mío,
el dolor de poseernos calaba los huesos,
y mataba las aves de otoño.
El dolor nos alumbraba,
temblaba en el vientre, y se hinchaban los sauces.
Nos hicimos viejos.
Nos hicimos padres.
Y nuestros millones de hijos
cantaban al unísono, la canción de los que se aman.
Parpadeaban, latían con el brillo de la luna.

Así nos quisimos,
entre el campo y los verdes prados,

entre las flores de primavera crecimos,
hasta madurar como espigas.
Eternos soñadores.
Tus labios florecían cargados de uvas
y me diste de ellos el néctar perfumado,
la fragancia que enajenaba.
Tus frescas hojas de menta sobre mí,
tu noche ceñida de luces,
hurgaban en mis musgos, con la suavidad del ocaso.

Pero amanecimos un día,
con el suelo arrugado y el mundo encorvado,
el cielo lleno de nubes presagiaba un mar de tormentos.
El viento dejo de soplar, de viajar, de ser…
La noche se volvió eterna,
y apagó la luz de tus hermosos ojos
y mis ganas de existir…
Todo se marchitó,
perdimos el Edén, morimos.

Así nos amamos, luna a luna durante mil años.

Alucinaciones

Una noche llegaste ave cansada
de brillante plumaje,
blanca como la leche,
ajena como la luna,
ataviada por la noche que caía
en tus hombros desnudos
como holandas de lino.

Entraste furtiva, callada,
y recostaste tu menudo cuerpo
entre mi alma y el destierro.

Fuiste toda una constelación de palpitaciones,
tus brillantes soles me miraban
y encendían en la hoguera las mariposas amarillas
que surgían de mis entrañas.
Una noche, solo una noche,
en un sueño casi cierto, casi, casi.

Al despertar,
un manto blanco lleno de plumas me cubría,
lleno de un vacío profundo,
que cobijaba mi olvido.

A un segundo...

Te hallé recostada bajo tu sombra,
desvestida y callada,
olvidada por algún recuerdo,
profanada por tus deseos.

Te hallé olvidada,
perdida y muerta.
En un espacio entre tu alma
y tu cuerpo, en un rincón de ti,
amarrada por tus propias manos,
sin vida.

Te hallé demasiado tarde.
Si te hubiera hallado antes
de recostarte bajo tu sombra,
antes de callarte y antes de quedar desnuda...

Antes de que el recuerdo te olvidara
y antes de que tus deseos te profanaran...
antes de que la muerte te alcanzara...

Si te hubiera encontrado antes...
Quizá ahora me amarías...

Abiram Soria Fernández

Ocaso de un amor

Tus labios drenaban la libido
en nuestras fiestas nocturnas;
en el jugueteo alegre de dos niños que se amaban
soñábamos con ser amaneceres
y ascender como lumbreras
hasta iluminar nuestro cielo
y calentarnos uno al otro.

Y ahora te has vuelto humo,
cenizas de una gran llamarada,
que arrasó bosques,
sembríos y a nosotros.

Macilento murió el amor,
olvidado en la calle,
en un rincón de la nada,
fue un perro bueno,
y, aun así, murió.

Una vez más

Las alcandoras transparentes
cubren tu infinito ramaje de soledades,
tus desnudos contornos alados,
el marfil de tu templo,
la raíz de tu vientre.

Y yo ando descalzo
en las suaves veredas del cielo
y nado a mar abierto,
hacia el azul perdido en tu sino.
Nado tu profundidad salada hasta morir.

El alma se me agolpa,
se enmudecen mis manos
por llegar a tu orilla y descansar.
Un poco, tan solo un poco más.

Y tú
te levantas firme
como volcán sobre el mundo,
en mi espera,
pasible,
llorosa,
necesitada de mí.
Volcán en erupción.

Y sucede que no estoy lejos,
espérame,
estoy cerca,
a unos pasos,
aguarda amor,
aguarda…

El sueño que amé

La mujer que amé,
la bendita compañera
de mis tardes plomizas,
la mujer que colándose
por las grietas de mis labios,
se adueñó de mi alma,
del espacio libre en mis pulmones.
La mujer que solía burlar mis tristezas,
el ser de risas y cantos,
la amante de mis locuras.

La mujer que amé,
la mujer sosegada,
la paloma enjaulada
en mis manos,
esa era la mujer imperfecta
o perfectamente acorde a mis desacordes.

Las tardes vacuas
y calladas se convertían
en jolgorios en su presencia,
en animado festín de miradas y besos.

El infinito pintado
en sus celestes ojos
alcanzaba el aire escondido en mi pecho.
Ahogaba un beso,

mentía un abrazo por aguardar al viento,
al temporal de caricias.

Al mordaz silencio
que engullí de un sólo bocado,
al fausto terror,
a la perplejidad
y por supuesto a esa mujer
que cada noche inspiró
y expiró mis pulmones.
A todo esto digo…
¿Por qué no la ame más?

No me esperes esta noche

No me esperes esta noche, no permanezcas despierta en la cama de hilos de seda, desnuda y hambrienta. No llegaré hoy, ni mañana, ni la próxima semana. Cargué los bolsillos de lo insustancial y lo volví sustancial, de aquellos proyectos banales y vacíos, al menos eso fueron para ti, de los sueños que soñé un día y eternos se durmieron en tu almohada. Cargué con todo lo que pude rescatar de mi ayer....

No me esperes despierta y sedienta, hoy no seré agua en tu boca, ni lluvia fría en tu cuerpo. Hoy el fuego será sofocante y me buscarás, tu piel será papel bajo las brasas y arderás sin remedio.

No me esperes despierta esta noche, la tranquilidad será el manto a compartir, no habrá más batallas ni treguas, cesó la guerra, no hubo ganadores ni perdedores, sólo daños colaterales. Corazones muertos en las calles, en las plazas, en nuestras almas.

Y al final te amé, te amé no de la forma imposible de olvidar, te amé como se aman los mares, las aves, te amé como aman los días a las noches buscando casualmente un encuentro todas las tardes. Te amé como pocas veces se llega a amar y con todo eso, no me esperes esta noche...

Abiram Soria Fernández

Casa de agua

Los muros de agua se diluyen,
el llanto que habita llueve dentro,
y el recuerdo se cuela por las grietas
como viento que aviva la tormenta.
Llueve dentro del alma,
llueven mariposas muertas de un techo lacerado,
llueve la dicha, llueve el infinito, llueve...
De las ventanas abiertas brotan los mares
que fluyen,
sus cántaros vuelven al pozo inacabable
de soledad, de abierta herida.
La casa de agua
llena de vacío y distancias,
de besos fugaces,
de aves guardadas en la cama.
Allí un barco surca,
lanza afligidas bengalas
mientras un hombre grita:
"¡la casa se diluye!", "¡mujeres primero!".
Así la amada salva su vida,
aborda el bote, mientras la casa de agua

una noche, sin ella, se diluye…

Dejarte ir

Tengo que dejarte ir,
vaciar mis bolsillos
de tus sonrisas y caricias.
Arrancar de mi ropa tu perfume,
y de mis labios tu aliento a cereza.

Destruir fotos si es necesario,
romper la alcancía
y gastar mis últimos besos en otras bocas,
en otros cuerpos,
desgastar mis labios
hasta arrancarte de ellos.

Y sólo debo dejarte ir,
es todo, dejar ir los cantos,
las noches en vela,
tus sueños en mi alcoba,
la estrella trepidante
junto a la luna
que amaste,
el sol en tus ojos,
la droga de tu boca.

Y sólo se trata de dejarte ir…
sólo dejarte ir...

Sesenta segundos

Amiga,
te daré un minuto,
un minuto para llorar,
para
quebrarte las piernas
y llorar un poco más.

Un minuto para quemar tus barcos,
para reír el desconsuelo,
para decir adiós.

En un minuto se encierran
sesenta hormigas que bien pueden comerse
ese dolor atorado en tu cuerpo,
si las dejas…

Te doy un minuto para maldecir,
y escupir toda la frustración
que hoy te embarga.

Un minuto para desbocar tus caballos
hasta la demencia.

En un minuto sesenta griegos
quemarán Troya…

Y espero,
que al final del tiempo que te estoy dando
hayas drenado todo tu dolor,
para llenar otra vez tu alma
amiga…

Abiram Soria Fernández

¿Qué harías?

...Y si encontraras tu alma
muerta en la sala,
y en el perchero un recuerdo
colgado, viejo y amarillento,
y en la mesa un manojo
de encuentros puestos en agua...

Y si encontraras un pedazo de mí
en tu vientre dormido,
y el futuro nos llamara
con una voz queda y lejana,
y lloráramos, y nos encorváramos,
y el invierno pasara lerdo,
más lerdo que otros tiempos...

Y si tan solo un día descubrieras
que mi mundo colapsa, que te necesito
y que mientras te escribo
ya he dado cinco pasos
hacia tus brazos...

¿Qué harías?

En espera de los acontecimientos

Un hombre pequeño anda cabizbajo de un lado a otro. La incertidumbre lo atenaza; la culpa lo tortura. Se muerde las uñas; no quiso hacerlo. No era su intención lastimarlo. Tan sólo deseaba darle una lección y nada más.

Fue un arrebato de cólera. No entiende como pasó; todo fue tan rápido... Mira sus manos. La culpa lo destroza. Mira a su víctima tirado a sus pies. El cuerpo inerte, sin cabeza.

No quiso hacerlo, está claro, sólo fue un arrebato de ira y nada más. Pero está hecho y debe enfrentar las consecuencias. Las lágrimas acuden a sus ojos. Los amigos del caído sólo son espectadores silenciosos con miradas ausentes. No dirán nada, callarán. Es un tipo poderoso y temen represalias.

No quiso hacerlo, está claro, pero ya está hecho. Da vueltas de un lado a otro. Espera la llegada de su jueza. Escucha sus pasos acercándose. Cada vez más cerca. Espera salir bien librado, como algunas veces; quizá mamá no lo castigue. Sólo ha roto un juguete y nada más...

Abiram Soria Fernández

Un perro felizmente muerto

El hombre gritó: ¡quién mató a mi perro!

Los vecinos dejaron las faenas en las que estaban ocupados y voltearon a verlo.

El hombre al no recibir respuesta gritó más alto: ¡Quién fue el imbécil que mató a mi perro! ¡Ahorita sabrá quién soy yo!

Los vecinos miraron llenos de reproches al hombre y miraban con compasión a aquel perro que yacía muerto a los pies de su dueño; un perro viejo y cansado, flaco y mal alimentado, lleno de pulgas, con pelo ralo y marcas de golpes recientes y de antaño. *Ahora descansarás, tu amo no volverá a maltratarte.*

Perro citadino

Este era un perro pobre, nacido en lo alto de la sierra occidental. De orejas largas y pelaje blanco encrespado. Jugaba a corretear gallinas, a morder la cola de los caballos y saltar cuando su amo le daba una tortilla. Nació sin más pretensiones que subir montañas, y cazar tejones y tlacuaches. Amaba el campo, sus verdes cañadas, platanales y cafetales. Uno de sus juegos consistía simplemente en andar hasta los árboles de mangos y sentarse bajo su sombra y comer los frutos caídos.

Cierto día, su dueño partió a la capital alegando falta de trabajo.

El perro pensó:

-Pero si aquí lo tenemos todo: mangos, mameyes, plátanos, maíz y una que otra gallina. ¿Qué más necesitamos? Además nos tenemos uno al otro.

El buen hombre partió cargando con su perro a la ciudad, al llegar encontró una metrópoli de hormigas andando en todas direcciones, andando como muertos, con rostros carentes de vida. Algunas parecían fieras, con ojos opacos y agresivos, hoyos negros en un universo sin vida. Le asustó lo que veía. Pensó sí sería contagioso.

Pasado el tiempo deseó regresar a casa, extrañaba su montaña: corretear vacas, gallinas y morder la cola a los caballos. Lloraba, aullaba atado en la esquina de la casa, sin espacio para correr, sin deseos de hacerlo. Imaginaba que así era como se sentían aquellas personas-muertas de la ciudad, encerradas en cuartos pequeños.

Transcurrieron los meses, y atado en la esquina se volvió un perro citadino: de ojos sin brillo, vacíos, y agresivo. Ladraba con ferocidad a quien mirase, destrozaba pelotas procedentes de la calle. Pelotas que siempre estaban ponchadas cuando tocaban a la puerta para reclamarlas.

Un año después, mientras su dueño lavaba su coche que había comprado con sus ahorros de ese año, dejó la puerta abierta a la calle, a la libertad. El perro sintió la necesidad de correr hacia sus montañas, de andar a las huertas de mangos, de perseguir tlacuaches. No ser un perro citadino-muerto. Tiró de la cadena que lo sujetaba, una y otra vez. Al fin consiguió soltarse y corrió mirando a la calle, corrió a su libertad, corrió… Un carro transitaba velozmente sin percatarse del perro que cruzaba. Por un momento fue feliz. ¡Nuevamente sonreía! ¡Daba brincos! ¡Era libre! No tuvo tiempo de ver el auto que lo impactó. Murió como un perro libre.

Justicia animal

—¿Quién mató al perro? —Preguntó el juez.

-Fue el gato —decían-. El gato fue. Quien más, sino el ladino gato, que vio como rival al leal perro, y quiso eliminarlo para obtener el favor del amo sólo para sí. —Decían las ratas de la casa que servían como testigos, y viendo en el gato un obstáculo en su camino al libertinaje intentaban lograr que lo condenasen.

-Así que fue el gato —concluían las taimadas ratas.

-Pues verá, señor juez, yo no pude ser -se defendió el gato-, pues como sabrá yo andaba cazando ratas cuando el perro de mi amo cayó del balcón y fue atropellado. Yo más bien diría que fue él quien se quitó la vida. Verá, hace cinco días que el patrón le castró las bolas, justo después de saber, o mejor dicho, de ver que se montó a su querida perra, la Gaviota. Y el perro, privado de su hombría, si es permitido llamarle así a lo que le fue arrancado a ese pobre, y como sabiéndose alejado de su amor la perra Gaviota, sucede que se ha quitado la vida.

La rata acusadora habló:

-Señor juez, el acusado aquí presente, es hoy por hoy el enemigo número uno del occiso. No necesito recurrir al largo historial de enemistad que data desde el primer gato y el primer perro en el jardín de Edén. Por lo tanto, teniendo esto como precedente, agregaré que el difunto presentaba arañazos en la cara, señal de una pelea previa. En el interior de su hocico fue hallado un mechón de pelo del mismo color que el acusado, y pido que se tome por evidencia.

—Señor juez, sólo pediré se desestime el valor probatorio de esa prueba, es decir, el mechón... Dado que somos animales que no vemos en más colores que el negro y el blanco y está claro que bien puede ser mío o de las ratas, o de cualquier otro animal. El caso es señor juez, a mi modo de ver, que no pude ser yo. El perro, es cierto, no era mi amigo. Pero aprendimos a convivir en sociedad, el rascándome y yo trayéndole huesos. Él sirviéndome como almohadón y yo quitándole las pulgas. Pero diré señor juez, que había un enemigo en común: las ratas. Fueron ellas las transmisoras de sus pulgas y fueron ellas quienes robaban constantemente mi queso, porque sabrá, que, a diferencia de otros gatos, yo amo el queso. Por eso señor juez es fácil intuir la falsedad de las ratas.

Habiendo oído esto, el gato vecino que servía como juez del caso, dio su veredicto:

-Después de escuchar con atención ambas partes y no existiendo más pruebas que los arañazos y el pelo, que bien pudieran ser del gato acusado o de las ratas, dejaré libre al gato y sólo le pediré que no se aleje mucho del vecindario, pues lo seguiremos investigando.

Así concluyó el juicio. Dos días más tarde fueron encontradas muertas las ratas, flotando en el canal de aguas negras.

Los monstruos de Mateo

Dos jóvenes tontos pueden amarse
y arder hasta formar una hoguera con sus cuerpos
arder y arder
hasta alcanzar el cielo mismo
pero un día esa llama se consumirá
y sólo quedarán rescoldos de nada
En cambio, tú y yo calentándonos de a poco
podemos durar centurias.

Mateo Roldán Zárate

-Buenos días, Ernesto.

-Buenos días, oficial Pérez ¿En qué puedo servirle? –Los ojos negros y amables del viejo Néstor Pérez traslucían pesar. Era portador de malas nuevas, aunque a decir verdad, no sentía mucha pena, sólo era la máscara que creía, todo mensajero de malas noticias debía mostrar.

-Se trata del viejo… -hizo una pausa, miró directo a los ojos de Ernesto un momento, sin decir nada, y continuó-: lo hallamos muerto hace unas horas.

-Entonces era cierto… -murmuró casi sin mover los labios- lo hizo…

-¿Hacer qué cosa? –Preguntó el policía, intrigado.

-Se suicidó ¿No es verdad? –Inquirió Ernesto.

-Nada de eso, según parece, murió mientras dormía. Hasta después de la autopsia tendremos la certeza, pero mientras tanto, el forense Gonzalo piensa que fue muerte natural. ¿Por qué supones que se suicidó? Ya estaba muy acabado a sus ochenta y cinco años y su esposa murió hace poco, pero yo no creo que haya decidido quitarse la vida.

-No tiene importancia –calló un momento. En su mente reprodujo la tarde del día anterior, la última plática con su amigo, el viejo Mateo Roldán Zárate-. ¿Sabe? era un viejo gruñón, pero buena persona. Lo extrañaré, vaya si lo haré – dijo Ernesto, mientras movía la cabeza de arriba abajo.

-Eso supongo, mi madre solía decir: hasta los perros más salvajes mueven la cola y te lamen la cara de vez en cuando, pero con todo, muchos no lo echarán de menos, si acaso tú, por eso quise avisarte. Realmente no hay muchas personas a las cuales darles el pésame. Me retiro, tengo muchas cosas aún por hacer.

Al cerrar la puerta, Ernesto recargó la espalda contra ésta, y soltó un suspiro para sofocar la tormenta vislumbrada en sus ojos. Contuvo el llanto, pero no pudo detener dos lágrimas que ya se le escurrían por las mejillas. Nunca tuvo muchos amigos, y Mateo había sido el mejor. Le había tomado mucho cariño junto con su esposa.

Una noche antes de la muerte de Mateo Roldán Zárate, él y Ernesto mantenían una plática de esas a las que se habían habituado desde la muerte de Mariana su esposa. Las manos huesudas y nudosas de Mateo sostenían una taza de té de azahares.

Últimamente era adicto a éste, pues le ayudaba a conciliar el sueño. La muerte de Mariana tuvo lugar dos semanas atrás y desde entonces perdió ese placentero gusto por dormir, y adquirió el hábito por el té de azahares. Su esposa solía decir, del pesado sueño en el que caía; "mañana te veo Mateo, cuando resucites". Pero ahora, le resultaba bastante difícil dormir más de cuatro horas. Se acostaba a las nueve de la noche y despertaba a la una de la madrugada. Daba vueltas en la cama durante media hora y, a continuación, se ponía en pie y se dirigía a su biblioteca; el lugar de refugio. Tomaba un libro de Cervantes y veía salir el sol por el oriente mientras terminaba de leerlo. Lo leía una y otra vez. Su novela corta preferida era *"El coloquio de los perros"*, y reía al leerlo, no importaba cuántas lecturas le hubiera dado.

Esa noche de verano, el viento soplaba caliente afuera y la temperatura también era cálida adentro de la casa, pero aun así, necesitaba el té caliente que sostenía en las manos. Miraba el vapor elevarse por encima de su nariz, aspirando un poco, mientras pensaba en los momentos de su matrimonio que estaban al descubierto, ante él mismo como una laceración de recuerdos, listos para salir, y fluir, y seguir fluyendo. Ernesto se había vuelto la llave que abría la puerta a ese cajón lleno de nostalgia.

Ernesto lo miraba sin decir nada, tomaba de vez en cuando un sorbo a su leche fría, hasta que por fin habló Mateo:

-Cuarenta y ocho años de matrimonio concluidos hace pocos días. Si me hubiera dejado veinte años antes -dijo con un dejo de reproche-, ahora llevaría casado veinte años con una mujer quince años menor que yo… -se interrumpió y volvió a mirar el té, echó un trago y prosiguió-, era una gran mujer, me dio una única hija a la cual amé con todo mi corazón.

-Nos conocimos en marzo de 1963, y nos casamos a los dos años. Por ese entonces, yo era director de una escuela secundaria y ella profesora de civismo en la misma escuela. Llevaba cinco años trabajando allí y ella acababa de ingresar. He olvidado muchos detalles de aquel primer encuentro, no porque tenga mala memoria, sino porque no captó mi atención. Era de esas personas que pasan desapercibidas en la vida. Nadie sabe de su presencia, salvo cuando las necesitan. Una gran profesora. Muy eficiente. Por supuesto, sabía su nombre y de su buen trabajo, pues era el director y tonto hubiera sido sino conociera a los trabajadores bajo mi mando, pero el trato no pasaba de un saludo.

Todo empezó un día de mayo de ese año. Recibí una llamada de su madre notificándome que su hija se había accidentando y no iría a trabajar dos semanas. Según me contó, caminaba rumbo al trabajo, un perro salió corriendo de una pollería donde acababa de robar una pieza, y al salir se encontró con una señora, que asustada por el perro bajó de un salto la banqueta, y un coche que circulaba a alta velocidad, viendo a la señora sobre la calle y al no poder frenar, dio el volantazo y se fue a estrellar contra un poste justo cuando Mariana doblaba la esquina. El poste cayó sobre una barda, donde un gato asustado saltó a la cara de Mariana y le enterró sus uñas, además le hizo múltiples arañazos, según me contó. Hasta la fecha no creo ni un cuarto de la historia, pero ella murió afirmando que fue cierto. Puedo agregar en su defensa, su mala fortuna. Toda su vida fue un saco de calamidades y algunas cosas que le pasaron fueron casi inverosímiles –dijo con pesar, pero siguió contando-:

Durante la primera semana de su incapacidad tuve una profesora suplente, muy mala, no la soporté más de cinco días, la despedí y yo me hice cargo de las clases. Eran unos demonios esos malditos mocosos, no entiendo cómo los controlaba. La extrañé todo el tiempo de su ausencia, como si llevara años lejos. Pensé en buscarla, en presentarme en su casa con un regalo y el pretexto de ver cómo iba recuperándose, pero no fui. Esperé hasta su regreso. Supe que era la indicada y, cuando regresó a clases, la hice llamar a mi oficina, y sin decir más, la invité a cenar. Por supuesto, una expresión de incredulidad se dibujó en su rostro y dijo tartamudeando: "sí". A los dos años nos casamos, como ya le he dicho. Resultó una caja de sorpresas agradables: hogareña, inteligente, meticulosa en los asuntos del hogar y cualquier cosa a la que se dedicara, culta y una buena amante. Era más de lo esperado. Pero la dejé en 1980.

Nuestra relación se había vuelto tirante, peleábamos por todo, hasta por las flatulencias de mierda que solía echarse. En realidad, era yo el pleitista, ella sólo se defendía de la forma más apacible. Una mujer muy ecuánime. El día que la abandoné, sólo me dijo: "cuídate mucho y no vuelvas con una enfermedad venérea". ¡Ella estaba segura de mi regreso! Y así fue, el veinte de mayo de 1985, volví, y ella, al verme entrar, con la mayor ternura del mundo sonrió y continuó bordando en su sofá favorito. No se levantó, ni se inmutó, era como si sólo hubiera salido un par de horas y llegara de andar con los amigos. Esa noche cenamos mientras me contaba los pormenores en la vida de nuestra hija.

Amaba a mi hija, pero nunca fui un padre modelo, pocas veces la abracé y muchas menos le dije: "te amo". Y no era por machismo o algo parecido, pues esas son estupideces y yo me considero una persona bastante culta como para andar con necedades. El problema radica aquí - levantó la mano y con el dedo índice se apuntó la sien-. Tengo un transistor dañado. No sé relacionarme con la gente. -Ernesto lo sabía muy bien, recordaba su actitud en el funeral de Mariana. Se mostró indiferente, parecía no importarle nada, y la gente así lo creía. Esa noche Mateo no derramó ni una lágrima. La gente llegaba, eran como hormigas pululando, saliendo de todas partes hacia su casa, deteniéndose para hacer rapiña en la cocina. Lo abrazaban y le daban el pésame, pero Mateo intentaba evitar su contacto, como si fueran leprosos y cargaran en una mano su nariz mientras parecían decirle:- "Mira Mateo se me acaba de caer la nariz ¿quieres tocarla?"

Esa mañana del cinco de julio de 1980, a mis sesenta y tres años abandoné el pueblo y abordé un autobús con rumbo al puerto de Veracruz. Cuando salí, llevaba puesta una camisa blanca de lino y al apearme del autobús mi camisa estaba más arrugada que una mascada de burro, y combinada con mi barba de quince días, supongo, mi aspecto era algo parecido al de un trotamundos sin destino. Caminé el boulevard Ávila Camacho hasta llegar a la playa, abstraído en mis pensamientos, atraído a la soledad y al mismo tiempo expulsado de ésta, como el hijo de una loba que regresa a casa y se da cuenta de que ya no es su hijo y lo ataca. Esa era la sensación en mi pecho, como si esa compañera de toda la vida de pronto se volviera en mi contra. Decidí vivir allí durante algún tiempo, y enfrentarme a mis miedos e intentar sobrevivir. Siempre creí que moriría antes de Mariana e intenté aprovechar la poca vida restante.

Esos cinco años fuera de casa, los viví en un departamento cerca de la ciudad, un lugar muy céntrico para mis noches de juerga. Extrañaba mucho a Mariana, y hubiera vuelto a los dos días, pero en mi mente rondaban sus palabras: "no vuelvas con una enfermedad venérea". ¡Qué carajo le daba la seguridad de que volvería! Y no lo hice al menos por cinco años. Antes de ella fui una persona muy solitaria y amaba estar lejos de la gente, pasear solo, comer solo y platicar conmigo mismo. De mi padre aprendí la soledad. Nunca lo vi acompañado de amigos. Decía: "nunca des un pan a una mascota que no estás dispuesto a alimentar toda la vida, son cargas innecesarias", pero ella me acostumbró a su compañía y algo cambió en mí sin notarlo, pues nunca volví a la soledad.

Durante mi período de cinco años sin Mariana, una tarde nublada y gris con ráfagas de viento, volví a ver a la mujer de la que he estado profundamente enamorado y que tontamente dejé ir: Rosalba. Me enamoré a mis veinte años y ese día con sesenta y siete sobre mi maciento cuerpo, ardía con más fuerza el viejo trasto de mi corazón. ¿Cómo era posible? No lo sé… pero al verla fue como si todo el tiempo se volviera hasta ese momento, cuando éramos aún jóvenes. La saludé.

Su rostro maduro con algunas líneas que partían de sus ojos hacía sus sienes era más bellos aún, sus ojos negros seguían brillando como faros en los riscos, atrayéndome a sus costas. Su boca era el mismo manantial del que bebí en mi juventud. Era imposible no estar embelesado ante su belleza. Tomamos un café, teníamos mucho que contarnos. Supe que estaba casada y era muy feliz, aunque algo en su forma de mirar me decía: aún te amo. Quise decir: también te amo, te amo mucho, y nunca te he olvidado. Pero no lo dije. La razón: guardaba un bello recuerdo de lo nuestro y quería conservarlo tal y como era. Reanudar algo a esas alturas hubiera sido como lapidarnos, como destruir a nuestros "yo" de la adolescencia. Así, hice esto al terminar, me despedí y la vi alejarse envuelta en una gabardina marrón, en ese vaivén de cadera que otrora época fue mi delirio. Y nunca más supe de ella. Si estará muerta ahora, no lo sé. —Sus ojos iluminados por el recuerdo de aquél bello encuentro, se apagaron otra vez.

-¿Y su hija? ¿Dónde se encuentra? —Inquirió curioso, Ernesto.

-Muerta, igual que Mariana. Si viviera tendría treinta y ocho años, pero esos malditos me la arrebataron-. En sus ojos verde de olivo había melancolía y rencor. Frunció el entrecejo y carraspeó para limpiar la garganta que empezaba a quebrarle la voz.

-¿Cómo se llamaba?

-Monserrat, como mi madre. Fue un nombre muy apropiado, pues en sentido metafórico podría significar "la mujer que está en lo alto", aquélla que sobresale sobre el resto. Y ella en verdad sobresalía del resto. Era alta a sus veinte años, sus ojos eran dos zafiros verdes brillantes, el pelo rizado, largo como si cayera una cascada sobre sus hombros menudos. Su belleza cautivaba a los muchachos del pueblo.

-¿Puedo... -Ernesto se detuvo pensando en la pregunta que quería hacer, no muy decidido. Probablemente fuera morbo, pero deseaba saber, aun cuando esto abriera viejas heridas- preguntar cómo murió?

El semblante de Mateo se puso duro como el pedernal, frunció el ceño y en su frente se formaron unos canalones, dándole una apariencia más rígida, más senil. Sus ojos se volvieron dos pozos profundos. Se incorporó del sofá y caminó a la pequeña cantina de la casa. Ernesto se perturbó, lamentó haber hecho la pregunta, lamentó su morbosa curiosidad, y estuvo a punto de disculparse cuando Mateo se adelantó:

-¿Le ofrezco otro vaso de leche?

-Muchas gracias, pero no -contestó Ernesto.

-Yo necesito una copa de whisky para contar... eso...

Tomó de un sorbo la copa de whisky; se volvió a servir y repitió la misma operación hasta cuatro veces. Ya más relajado volvió a sentarse frente a Ernesto para continuar con su relato.

-Era verano, los árboles teñían sus hojas de colores rojizos, amarillos y naranjas, el viento elevaba pequeños tornados con las hojas caídas. El quince de febrero habría una excursión a la Ciudad de México. Visitarían los museos, los monumentos, y no recuerdo que tanto más. Se contrataron siete autobuses, irían todos los estudiantes. Al pedirme permiso se lo negué. Pero como toda buena hija sabía que su madre intercedería por ella ante mí. Me seguí negando, pero después de tanto aporrearme con sus ruegos, accedí molesto y concluí advirtiéndole: "si algo ocurre, será tu culpa". Y efectivamente, algo ocurrió. El día que llamaron a la casa, yo estaba sentado en la biblioteca leyendo poesía de Rimbaud, entonces sonó el teléfono. Antes de levantar la bocina tuve la certeza: "ocurrió una tragedia". Contesté, y una voz trastornada por la angustia me contó lo sucedido. Mi piel palideció, mis piernas flaquearon y sus últimas palabras llegaron a mí como ecos de un mundo paralelo: "necesitamos que la reconozca". Colgué, subí las escaleras y cada escalón bajo mis pies parecía una zanja en mi camino. Entré a la habitación y Mariana estaba acostada, me vio entrar con la mirada perdida y me preguntó qué sucedía. No contesté, tomé mi chamarra de viaje y salí de inmediato rumbo a México.

Llegué a la una de la madrugada, la ciudad parecía tan pacífica, ésa debió de ser la impresión que invitó a Monserrat a salir. E irónicamente tras esa aparente paz se escondían los bastardos asesinos de mi hija. Pensarlo me repugnó. Tomé un taxi para llegar a la morgue. La reconocí, no fue fácil, pues le habían desfigurado el rostro a navajazos. Se ensañaron con ella. Fue violada y asesinada. Sólo salió a cenar con una amiga. Se perdieron y se metieron en una zona peligrosa. Tres tipos salieron sigilosos y las cogieron por detrás rodeándoles el cuello según me contó la amiga de mi hija, no supo decirme cómo, ni en qué momento se liberó, pero lo hizo. El shock le borró la cinta. Unos policías la vieron alterada y se acercaron a ayudarla, fue cuando corrieron a buscar a Monserrat. Pasaron horas buscándola, sin éxito, hasta que ya casi amaneciendo hallaron un cuerpo desnudo, con múltiples golpes y la cara desfigurada. Los muy malnacidos intentaron ocultar su identidad borrando su hermoso rostro.

Mariana lloró desconsolada durante meses. Buscó mi consuelo. Nunca se lo di. La culpaba por la muerte de mi hija. Si tan sólo no me hubiera insistido, si tan sólo yo hubiera sido firme… sin tan sólo. Pasamos días difíciles. Pero poco a poco las heridas fueron sanando y recuperamos un poco de nuestras vidas -Mateo suspiró, las lágrimas por fin surgieron como cántaros de agua salada. Ernesto nunca lo había visto llorar y en ese momento le pareció el ser más indefenso de la tierra. Ernesto se limitó a no dejarlo solo. Era lo mejor que podía hacer por su amigo, no hablar, ni intentar consolarlo, sólo estar ahí, en ese instante. Cuando al fin paró, dijo-:

Ahora se preguntará por qué le he contado todo esto hasta ahora. Algo tan mío. Las civilizaciones antiguas solían dejar las memorias de su historia en tablillas cuneiformes, o en pinturas rupestres y demás, ¿para pasar a la inmortalidad? Yo no lo creo. Más bien su motivo era mostrarnos lo monstruosos que eran. Como si nos dijeran: ¡Hey! ¡Conozcan lo monstruosos que fuimos y supérennos! Pero no hemos aprendido. Somos igual a ellos o peores. Por eso te he contado mi historia. Para que conozcas mis monstruos, tú sabrás qué hacer con eso. Además ya no queda tiempo. Mañana ya no estaré contigo. Llegó la hora de partir, de acabar mi dolor, mi culpa, y expiar mis errores.

-¿A qué se refiere? –preguntó con notoria incertidumbre Ernesto.

-Estaré muerto para mañana.

-¿Cómo puede afirmarlo con tanta seguridad?

-Es la ley de la vida, tarde que temprano morimos. Y mi fecha de caducidad llegó.

-Si así ha de ser, vaya tranquilo. Yo me encargaré de todo -dijo sonriendo.

Ambos tomaron unas copas antes de despedirse, rieron y lloraron. Se abrazaron en un último abrazo de amigos, fuerte y prolongado.

-Una última pregunta -dijo Ernesto-. ¿Por qué se casó con Mariana si no la amaba?

-Porque llegó el momento en que quise ser feliz, con la persona adecuada. Y lo conseguí.

Un día después del entierro de Mateo, Ernesto se detuvo un momento con la mano puesta en el pomo de la puerta; cerró los ojos y aspiró buscando en el aire los olores de antes y percibió el olor a palomas de microondas. Oyó las risotadas de los niños, los observó pararse junto a él y comprar los chicharrones, las palomas de maíz, y los bolis. Mariana los atendía sonriéndoles con sus ojos cansados y opacos. Sonriendo, y al sonreír mostraba sus escasos dientes. La veía alegre por estar rodeada de niños. Giró un poco la cabeza y detuvo su mirada en el viejito malhumorado sentado en su silla reclinable a la sombra que le brindaba una pequeña palapa hecha en el patio frontal de la casa, junto al puesto de dulces de Mariana, leyendo un libro, sumido en su mundo, ignorando a los niños. Se vio llegando cargado de maletas, caminando bañado en sudor. Preguntándose por qué carajo llegó a vivir a La Morita, Veracruz, si odiaba el calor.

Giró el pomo de la puerta y entró, todo estaba impecable, acomodado en el orden que acostumbraba Mariana. Las emociones luchaban por aflorar, pugnaban por salir de sus ojos como gotas de dolor. Caminó a la biblioteca de Mateo. Era la primera vez que entraba a aquél recinto sagrado de su amigo. Abrió la puerta y, al hacerlo, un rechinido hizo eco en la solitaria casa. Encendió la luz y vio una caja de zapatos puesta encima del escritorio, con una nota de Mateo: "analiza mis monstruos, tú sabrás qué haces". Destapó la caja y en su interior halló cientos de hojas, al leerlos se dio cuenta que eran poemas. ¡El viejo escribía! Pasó toda la tarde leyendo el contenido de la caja, hasta que se topó con un poema que captó su atención, en su cara se dibujó una sonrisa cómplice y pensó: "viejo tonto, decías que no la amabas, pero eso también es amar: sentir la necesidad de alguien, la urgencia de librarse de uno mismo para estar con el ser que hemos elegido, libres". Alzó la vista y vio a sus dos viejos amigos sentados en el sofá, al otro lado de la puerta, abrazados, intercambiando miradas tiernas y amorosas.

Ernesto vivió rodeado de amigos desde entonces, y contó la historia de su amigo, de su viejo amigo Mateo Roldán Zárate a todo el que se lo permitía. Así lo hizo hasta que murió a los ochenta y cinco años. El poema que encontró en la caja me lo recitó muchas veces:

Porque de dar nunca te cansas,
de amar por ambos.
Tu alma está llena de mis reminiscencias,
y eso te basta,
porque tu amar es sincero,
puro como el manantial de tus poros,
vasto como los océanos
y profundo como la soledad
de la que a diario me salvas.

Pequeña ave,
forjada en la bondad,
tus alas son la cúpula del mundo,
y me resguardas hasta de mí,
soy viejo y tú mi bastión de acero,
mi señora, mi alma, mi Mariana.
Tú no eres de este mundo,
tú eres quien me salva de este...

El hombre llena
y rellena de dudas
el infinito

Al final de la vida

-Ven payaso, riamos un poco.

-Estoy cansado, hoy no puedo –decía.

-Anda payaso, ven y riamos un poco, y hagamos, de esta nuestra casa vacía, un circo lleno de alegría.

-No puedo –decía-, es ahora el tiempo de dormir en la soledad; ya mañana habrá tiempo de verme con la sonrisa pintada y la nariz roja que hace juego con mis zapatos de gigante; ahora mismo no puedo, pues sólo tengo puesto mi otro disfraz, el verdadero.

-Anda payaso, ven y riamos un poco, que ya estoy viejo, y el hombre viejo necesita la risa para subsistir.

-Perdón, pero ahora mismo no puedo, mi alegría la he guardado en el veliz, debajo del gigante llamado vida y sólo vengo vestido de vacío y tristeza.

-¿Dime cuando darás otra función, amigo payaso?

-Mañana. Mañana inflaré globos de sueños y los daré a quien los pida. Mañana diré: vengan y vean al viejo payaso, que se ha pintado el olvido y se ha calzado la apatía. ¡Véanme! ¡Ya no estoy triste! ¡Ya no estoy triste! ¡Ya no soy el viejo inservible! ¡Soy el payaso pintado de alegría!

Reminiscencias

En nuestra casa se pudre tu perro amaestrado,
el animal que alimentaste con mi carne
y saciaste su sed con mi sangre.
Los gusanos lo consumen en nuestro lecho,
donde fuimos antes eclipse lunar.

Cada anochecer bebíamos
el agua cristalina de nuestras almas,
y con los espasmos de luna creciente nos saciábamos.

Murieron también las mariposas
en aquel parque de bulliciosos silencios.
En medio de la bruma oscura,
callaron nuestros labios,
y nuestros brazos se secaron,
como ramas desesperanzadas.

De mi fardo saco las memorias,
las rosas secas, los niños
abortados en nuestras manos.

Te resucito en mis tardes
y te vuelvo a matar cada mañana.

Los murmullos del pasado atestiguan tantos "te amo",
tantos cristales rotos, tanta falaz palabrería,
y de nuestra historia tan sólo un cuento sin punto final

El final

El fin del mundo nos llegaba,
en nuestros cuerpos buscamos un refugio,
el arca salvadora para el naufragio.

Había esperanza…
¡Gritabas, llorabas!
El sol se extinguía.
Entonces encogimos nuestras banderas,
nos amamos una mañana más.
Y sólo eso.

Aguardamos la hora de la muerte,
esperamos un barco salvador, sin saber
que nosotros éramos el mundo que colapsaba.

Cavilando

Camino entre sombras
en los callejones vacíos de mi memoria.
Hay muertos persiguiendo mi alma,
putrefactos y roídos por la amargura,
llorando la vida.

Amores mutilados
por el guerrero
que deambula en mi mente,
zozobra es lo que deja sin piedad,
sin escuchar las voces,
los gritos enloquecidos que claman:
¡Ya no más!

Me escondo tras el miedo,
en ese lugar donde nunca me hallarán.
Cansado y abatido
este niño cobarde se pierde en las tinieblas,
tiembla, llora,
llora el amor que nunca fue
y calla,
el silencio se hace más tenebroso.

Camino sin rumbo,
camino hacia la nada.
¿Qué soy?
¿Quién soy?
¡A quién le importa!
El mundo gira,
la gente observa y sigue,
mientras el niño que aún soy
se consume en la muerte...

El tiempo necesario

Estuviste un segundo en mi vida,
y en mis brazos,
suave como viento en otoño,
fugaz como hojarasca volátil.

Un segundo bastó para volvernos lluvia,
para volvernos sol,
y un
segundo fue suficiente para pasar la noche
enroscados como dos álamos caídos.

Y nos alejamos antes
de transformarnos en piedra,
antes de cambiar a polvo,
antes de destruirnos con fuego.
¡Emigramos antes
de que otro segundo juntos
nos matara!

Rincones vacíos

En la noche fría,
el llanto eterno se vuelve tu cuna.
Las llamas se ahogan
en la leña mojada
y tus cántaros insalubres
vacían en tu espalda,
en tus huesos
y en tu pobre dignidad
la vejación.
Afuera sólo hay nostalgia y soledad.

Llueven luciérnagas
en nuestros labios que copulan;
fulgor de noches noctámbulas.

En los corredores habitan fantasmas
roídos; y desgarrados nos gritan:
Afuera sólo hay muerte.

La melancolía encuentra
pequeños fragmentos de antier,
de las descaradas mentiras.

La lluvia cae,
nos moja
y cada cuerpo llora la distancia.
Tus mejillas
no detienen los ríos.
Tu llama se apaga,
mi mocedad se fue.
El mismo día nos ataron a la muerte.

Los poetas

Los poetas condensan el llanto de los mares,
hunden las estrellas en la arena, matan a los amantes,
dislocan los pilares del mundo,
navegan en la niebla,
mueren en cada palabra que desangran,
asesinan vidas con el cruento maso del desamor.

Los poetas son crueles soledades,
hogueras eternas,
llaves de habitaciones abandonadas,
mundos inhóspitos, universos paralelos.
Eso son los poetas: soledad creadora.

Los poetas en realidad no mueren
al ser enterrados,
nacen cuando han muerto, viven al ser leídos
y son tangibles cuando son releídos.

Los poetas son bacterias que nos infectan,
parásitos taciturnos que nos obligan a sentir,
a pensar, llorar y amar.
Los poetas no mueren,
viven eternamente paseándose en sus libros.

Madre patria

Quiero que me lleven esta tarde
a los viñedos de España
a degustar el zumo de uvas
y catar el néctar rojizo de las tardes bravías.

Cantar a Andalucía,
al negro pelo de Sevilla,
a los labios rojos de Almería.

Bailar flamenco con mi maja
y con mis cuerdas lograr
que la melodía cuente
aquella que fue mi historia.

Amigo Quijote

Enjuto hombre,
enlatado en la triste figura,
armado con tu lanza-locura
traspasaste de lado a lado la sensatez
y fuiste libre,
como el soplo de tus molinos de viento,
fuiste libre.

¡Ah valiente mentecato!
Tus andanzas de la alegre caballería
te llevaron a ser el mítico Hidalgo,
de algún lugar de la Mancha.

Anduviste los caminos
de Amadís de Gaula y Roldán.
Del papel surgiste osado,
intrépido y enamorado,
para cabalgar sueños
y aventuras sobre Rocinante.

Viviste tanto como lo permitió
tu padre Miguel de Cervantes:
breve y eterno.
Tan disparatado y tan cuerdo.
Amaste a la bella Dulcinea,

Quijote enamorado;
te entregaste a ella
como las olas a los acantilados.

Amigo Alonso Quijano
tuviste alas y viajaste largo,
te las cortaron y volaste
con la muerte de los resignados cuerdos.

"Moriste cuerdo y viviste loco".

Me sabes

Me sabes a dolor en tu ausencia,
y escurren esquirlas
de mi porosidad lacerante,
cada instante entre el vacío
y la soledad.

Apuro el tiempo,
muero para olvidar tu ausente calidez,
cierro el alma para escapar
de la estridente explosión
de la nostalgia y vuelvo a la espera,
a la incansable espera.

A eso me sabe tu ausencia:
a ajenjo y hiel.

Pero luego
te tengo como otras veces
y el mundo cambia.
Tu belleza me aprisiona entre el mar desbordado
en mi garganta y el cielo donde habitas desnuda.

Te he probado mi amada,
y tu sabor es a dulce amargo,
tu aliento sopla suave
como la brisa de los mares sobre mi pecho.

Y mis labios te degustan
agradable como las uvas,
tu aroma es de margaritas,
y te amo cuando estás.

El mundo gira,
y los astros palpitan y cantan
una canción de los que se aman,
hasta el atardecer constante.

Eres a mi paladar todos los sabores del alma.

El violín

Tócame, recorre mi cuerpo de madera
con tus manos suaves de terciopelo,
hazme chillar, rasga mis cuerdas de gato
con tu arco, evoca el *Capricho
italiano de Tchaikovsky.*

Hazme llorar y llora conmigo,
que el mundo nos crea locos y músicos.

Silencios

Ella me dijo: te amo.
Algo se encendió en mi pecho,
un fuego consumidor de pudores,
de lobreguez y de sueños.
Y le dije: gracias…
Mis sienes se marchitaron,
mis
manos se encogieron,
mis versos se pudrieron en mis labios.
Y seco y encogido quedé solo,
tan sólo un tronco abandonado
en el páramo,
viendo a lo lejos los bosques
frondosos y llenos de nidos.

Así mueren los cobardes…

Eterna soledad

Ayer abrí la ventana, y el mundo ya no existía: hallé un páramo sembrado de vacío, y el vacío crecía, y su tallo ascendía hasta la concavidad del universo, sus robustas ramas tocaban el hoyo negro de las despedidas. Me alimenté de su fruto amargo; dolían mis labios, ardía mi garganta.

Del cielo caían recuerdos, aves esparcidas en el campo infértil de mis manos. Los astros apagaban sus luces, su llama se extinguía, cubrían mis hombros de oscuridad. Y yo en tinieblas, sin ella, sin sus manos de seda, sin sus labios de cereza. ¿A dónde marchó, ahora que mi galaxia se desmorona, y cae a pedazos en su ausencia? Quizá buscó un refugio de esta tragedia.

Mi casa se volvió polvo, motas en la mano de una ventisca, esparcidas, y la busqué, anduve errante buscando mi hogar, mis escombros, mi amor amputado, mi niña. ¿Mi linda niña, a dónde marchó, provocando este fin, provocando mi muerte y su muerte? ¿Cómo saberlo? Ella marchó y desde ese día hay un cataclismo, que desmorona el universo de mi vida.

El gato

El enloquecido gato
maúlla cada noche,
chilla fieramente
en mis ojos.
Pelea conmigo,
araña mi cordura.

¿Quién lo sacará de mi cabeza?

Ante el final

Comenzaré a andar este viejo camino
con el paso de los retrasados andantes.

Comenzaré ahora que el día no ha sucumbido
al fuego crepuscular.

Caminaré a la oscuridad,
al punto muerto de las despedidas,
al letargo, al sueño sin sueños.

Caminaré ahora que puedo,
ahora que existo,
ahora que siento.

Por qué el fin se acerca,
y los días empiezan a deshojarse raudos.

Caminaré hasta que la noche me caiga encima…

Evocaciones

Los recuerdos divagan en la noche,
ensimismados, retraídos, cansados.

Son aves en jaulas humanas,
cuervos que graznan: *¡Nunca más!*

Cargan en sus aljabas
las saetas doloridas y disparan,
cazan almas moribundas,
viejos en soledad.

Los recuerdos divagan,
se olvidan que existieron hace tiempo,
que fueron amantes, que fueron vida.

Los recuerdos di-vagan perdidos,
ausentes, en las manos de un anciano
se escurren como agua,
son neblina esfumándose,

estéril tierra de Alzheimer…

Brevedad

Las ramas de la estridente juventud
son cortadas de cuajo por la amarga soledad.
Caen del árbol formando recuerdos,
leña de una hoguera senil.

Luciérnagas palpitan en el infinito,
reminiscentes en la oscuridad,
en el lienzo negro.

Las hojas secas de otoño
mueren chamuscadas en la oquedad,
en los ojos finitos que languidecen como una vela.

El tiempo final, de la muerte a la eternidad,
día-noche; cien años
marchitos, y lacerados:
la vida es una llama extinta.

El hombre inexistente

No hay sueño,
no hay vida,
no hay luces,
sólo dudas encajadas
en mis huesos
y en el alma.

Me encuentro en la ventana,
me observo difuso,
una imagen borrosa y desfigurada.
Un muerto que a veces
me reclama
haber matado su esperanza,
de un sólo tajo.
Todo es negro.

La noche barre mi cordura.
El filo de los recuerdos,
mi ceguera,
mi encorvada vida,
todo se vuelve hacia mí.

Los gritos
que intento sepultar
vuelven de las sombras,
de los libros,
de las cartas,
de la nostalgia,
me comen a pequeños bocados.
Me comen.
Me vuelvo a la realidad,
al concilio con la muerte,
y mañana,
mañana me entregaré al sueño eterno.

Libre de mí

Esta necesidad de llenar los bolsillos con agua,
de andar contra el tiempo,
de nadar cuesta arriba,
de llegar al lugar donde surgió la vida,
la caverna mítica,
ancestral,
reino de dioses.

Llenar este vacío con agua,
cristalino néctar eterno.

Enterrar mis raíces bien hondo
y florecer dichoso,
apacible,
inmarcesible.

¡Qué el tiempo en su travesía
no me arranque las hojas,
los ojos,
el alma!

Vivir de cierto,
enclavado bajo el follaje fresco
del enebro;
bajo su paz,
libre de mi beligerancia,
libre de mí.

El tiempo

Toma la noche aburrida,
absorbe su luz,
prueba de sus labios la calma olvidada,
el beso de la paz noctámbula
y embebe su soledad,
que se llene de ti y tú de ella.

Haz que perdure el manto dorado de la vida.
Prueba destejiendo las horas,
los segundos son estambres unidos por la nostalgia,
en puntadas largas.

Desteje el tiempo,
su madeja de instantes,
de estelas en la melancólica oscuridad,
y vuelve a tejer la historia,
sus lacerados episodios.

Desteje y teje,
de eso se trata,
de hacer y deshacer,
de dormir y soñar,
de vivir y morir.

Ausencia

La noche interminable
alarga su oscuridad
sobre mis hombros.

Un gato maúlla fuera,
lloroso gime
sus desventuras.
Mientras que yo clamo
por tus manos que fluían
en otro tiempo en las mías
libres como acordes,
como notas de Vivaldi.

Añoro tus ojos bordados a los míos
conociéndose
formaban lazos
y se fundían en el crisol de la noche.

Éramos dos cuerpos nebulosos,
atraídos a nuestros ríos.
Tus frondas me daban cobijo,
en tus brazos interminables.

La espesa noche me engulle,
el gato me mira,
y lloro el suplicio de verme en nuestra casa,
rodeado de ti,
de tu esencia,
del sabor amargo de la muerte
que nos aleja…

El poeta muerto

A menudo pienso en mi muerte,
casi a diario,
al encontrar en el espejo
a un viejo que no conozco;
al hallar en mis bolsillos
migas de añoranza,
secas como hojas de otoño,
marchitas como rosal en invierno.

Vacío me hallo de ti,
de ella,
de aquélla.
El tiempo quemó mi mundo
dejando cuatro paredes
calcinadas y al lado un poeta muerto.

Las flores mudaron su ropaje,
y las aves volaron
cuando olvidé alimentarlas;
mi perro se sació de recuerdos
y harto cansado murió
o quizá lo maté yo mismo
junto conmigo.

Y ahora que he muerto quién terminará mis versos:
"Mis tierras capturan el rocío de tu cuerpo,
mis maizales te absorben cada gota amor,
cada gota".
No hay más,
sólo silencio,
ese silencio que mata poetas
y deja sus cuerpos en la oscuridad siniestra,
donde habito ahora que he muerto.

Tiempo inaudito

Manos trigales mecidas
por el oneroso viento de otoño

dedos rugosos
quebrándose bajo el andar
de la noche

campos añosos y marchitos;
cabellos, fiambres incendiados
por el atardecer rojizo;

soles desangrados
entre cuatro paredes
ríos secos
en los cauces de la angustia;
oquedal arrasado:
un hombre de cien años muriendo…

El hombre

El hombre construye
el onirismo en el mar
y en el humo forma su eternidad.
Conspicuamente vuelve a crear el cielo
y en su mente el constelado ensueño.
¡Fatídica sapiencia!
¡Loca vanidad!
El hombre lame sus heridas
y se lava la sarna.
Vive en un mundo complejo,
en una bi-dimensión,
en un castillo de naipes.
¡Mordaz agonía!
¡Todo es vanidad!
Y aún se mueve
y yo aquí muerto.

Holocausto

Hay un holocausto de estrellas fugaces
entre las sombras, entre el alma
partida en dos y el llanto de un hijo,
allí amamantan a las viudas con armas bélicas,
allí mueren las valerosas luciérnagas,
allí es el funeral de las flores marchitas.

Caen los muertos como espigas
zarandeadas en la noche,
como trigal maduro en la siega,
como vendimia de guerreros caídos.

Salvajes fieras irrazonables
toman partido en la masacre,
cogen la hoz y rasgan el cielo,
de cuajo extinguen su luz,
plaga de langostas devoran la vida,
la vida de un pueblo.

Filósofo

El hombre sin casa
vive de la mierda y en la mierda.
El andrajoso filosofa,
el gusano le corroe la piel.
¡Ah! Tus pies de fango amigo,
de fango.

El dosel de humo
ambienta la inexistencia,
el perro ladra y aúlla,
y cuando calla
el andrajoso llora y filosofa…

El hombre sin casa no piensa en la muerte,
esa maleducada amiga a su tiempo vendrá,
sólo filosofa,
y filosofa.

Sobre Marx o Nietzsche se desdienta,
pululan de sus entrañas
esos gusanos hambrientos.
¡Ah! Profeta impío y fatídico.
Pobre hombre sin casa
sumido en la mierda y en el vacío.

En busca de quien no se halla

En los profundos mares
mi barca iza las velas y navega,
cruza océanos mudos,
cuerpos inexorables,
hálito oscuro de la tormenta.

Aventurándome mil leguas a la demencia.

Sobre este cascado navío
las olas se agolpan una a una,
frenéticas atribulan al marino
perdido y casi loco.

Viro a la nada, noventa grados.

Buscándome en la espesa soledad
encuentro mis ojos
en una isla inhabitada,
bajo una palmera,
llenos de
dudas.
A un lado mi cuerpo muerto.

¿En qué momento naufragué?
¿Cuándo me perdí?

Y seguí en esta profunda locura,
en la agitada masa de aguas
hasta encontrarme otra vez,
hasta saber quién fui.

En esa búsqueda morí
más veces de las que pude vivir.
Debí vivir más…

Inexistencia

Por un momento me vi
pacíficamente acostado,
tumbado en las nubes;
mis pies de espuma colgaban,
y caían a tierra como gotas de nostalgia.

Me vi un momento
atorado en mis recuerdos,
apoyando la llave en la chapa
que no pude abrir.

Vi mis ojos escurriéndose,
mis manos dislocándose,
y mis pies…
ya no tenía pies.

Me vi gritando,
y destilando mis aullidos.
Desesperado lloré,
casi sin cuerpo,
casi sin mí.

Desaparecí,
nadie me escuchó morir,
sólo yo me vi,
como cualquier loco se ve
cuando se lo ha tragado la inexistencia…

Abiram Soria Fernández

Separatividad

Soy la sombra de algún hombre ausente,
la palabra sin voz, un latido retumbando
en las montañas sin ser escuchado.

Soy los pies cansados
de un hombre que aún no ha vivido,
sus ojos cerrados,
su lengua cortada, su futuro perdido,
la simiente que aún no ha sido engendrada,
el verso desleído.

Soy el hombre que ha muerto prematuramente…

La necesidad de morir

El mundo no es lo que buscamos.
Cuando las luces se apagan
el mundo se vuelve real:
una sombra de horrores.
¿Sabe usted cuando morimos?
Morimos todos los días
y renacemos todos los días.
La muerte es necesaria para sanar el alma.
Debe ser por eso que tengo tanta necesidad de morir,
tengo tanto que sanar…

Abiram Soria Fernández

El mundo mató a los poetas

El mundo mató a los poetas;
los sacó de sus libros a rastras,
de los cuentos donde vivían y morían.

Degolló sus sueños
y sus cabezas rodaron;
uno caía aquí,
otro ardía en su poesía allá,
uno más recitaba endechas y rezos.
Las calles eran ríos purpurinos.

Las aves muertas como manzanas
de los árboles caían,
mientras el cielo plañía con dolor
y sus fuertes gritos tronaban a lo lejos la partida…
El verde campo donde otrora
sembraron su poesía,
era yermo caduco.

El mundo mató la poesía:
le rociaron combustible
y encendió la llamarada;
se calcinaron todos sus versos,
las letras y palabras chillaron de dolor
y cada "te amo" escrito ardió
en la hoguera de la ignorancia.

El mundo mató a los poetas.
Construyó esta época de No Poetas.
Donde cualquiera escribe:
los iletrados escriben,

los cursis escriben,
los tontos escriben.

¡Señores, bajo esta sociedad yo nací
y también escribo!

Índice

El árbol 9

Un recuerdo puesto en el olvido ..10

Abuela Paulina 11

Fuego 12

Imágenes de un niño 13

A mi peludo amigo 14

Mi viejo 16

Los ojos de una mujer 17

Procesos de creación 18

Paraíso perdido 19

Apocalipsis cerebral 20

Yo, el negro 22

Para dormir en paz...................23

Nuestra naturaleza 24

Un infame enamorado...............25

Nocturnal 26

Ajedrez 27

Anna 28

Los árboles no olvidan 29

Voces fracturadas 30

Carta de un padre a una hija
Huérfana 31

El cuervo 32

Una madre sin hijos 33

Soledades anticipadas 24

El tipo del espejo.....................36

Metamorfosis 37

Requiescat in pace 38

Inasibles 40

El mismo rincón.......................42

El bufón..................................43

Danza pueril 46

Amor 48

De éter, de su ausencia 49

Inquisición..............................50

Oraciones furtivas 51

Olvido 53

Tu cuerpo en otoño 54

Delirios nocturnales 55

Te prefiero 57

En mi sendero 58

El ave y el roble 60

Rosonancia 61

Equinoccio 63

Manos de mujer.......................64

Mi mujer 65

Paraíso 66

Mi luna 67

Tú y yo 69

Desierto 70

Cerezo 71

Génesis 73

Te amé...................................74

En la clandestinidad..................75

Guitarra-mujer.........................76

Noche trémula 77

Diosa 78

Mal tiempo 79

Adán y Eva 80

Alucinaciones...........................84

A un segundo.................................85

Ocaso de un amor.........................86

Una vez más..................................87

El sueño que amé..........................89

No me esperes esta noche.............91

Casa de agua.................................92

Dejarte ir......................................93

Sesenta segundos..........................94

¿Qué harías?.................................96

En espera de los
acontecimientos............................97

Un perro felizmente muerto.........98

Perro citadino...............................99

Justicia animal............................101

Los monstruos de Mateo............103

Al final de la vida.......................118

Reminiscencias............................119

El final...120

Cavilando....................................121

El tiempo necesario....................123

Rincones vacíos..........................124

Los poetas...................................126

Madre patria...............................127

Amigo Quijote............................128

Me sabes......................................130

El violín.......................................132

Silencios.......................................133

Eterna soledad............................134

El gato...135

Ante el final................................136

Evocaciones.................................137

Brevedad.....................................138

El hombre inexistente.................139

Libre de mí..................................141

El tiempo.....................................142

Ausencia......................................143

El poeta muerto..........................145

Tiempo inaudito..........................147

El hombre....................................148

Holocausto...................................149

Filósofo.......................................150

En busca de quien no se halla.....151

Inexistencia.................................153

Separatividad..............................154

La necesidad de morir.................155

El mundo mató a los poetas........156

La palabra desfragmentada
quedó totalmente impreso y
encuadernado en marzo de 2015.
La labor se realizó en los talleres de
Aqua Ediciones, S.A de C.V.